알고 보면 쉬운 인간관계 매뉴얼

알고보면 쉬운 인간관계 매뉴얼

초판 1쇄 발행 | 2021년 2월 25일

지은이 | 윤창영
펴낸이 | 김지연
펴낸곳 | 생각의빛

주 소 | 경기도 파주시 한빛로 70 515-501
출판등록 | 2018년 8월 6일 제 406-2018-000094호

ISBN | 979-11-90082-83-9 (03190)

원고 투고 | sangkac@nate.com

* 값 13,300원

* 생각의빛은 삶의 감동을 이끌어내는 진솔한 책을 발간하고 있습니다. 참신한 원고가 준비되셨다면 망설이지 마시고 연락주세요.

알고 보면 쉬운 인간관계 매뉴얼

윤창영 지음

생각의빛

좋은 사람

좋은 한 사람과 관계를 맺는 것은
보석 하나를 가슴에 담는 일이다.
좋은 사람을 많이 가진 사람은
가슴에 보석을 많이 가진 사람이 되며
가치 있는 사람이 된다.
그리고 얼굴에서 빛이 난다.
보석이 빛이 나는 것처럼.

좋은 한 사람과 관계를 맺는 것은
꽃 한 송이를 가슴에 담는 일이다.
좋은 사람을 많이 가진 사람은
가슴에 꽃밭을 가진 사람이다.
그 사람 옆에 가면 향기가 난다.
꽃이 향기로운 까닭이다.

좋은 인생을 산다는 것은
결국 좋은 관계를 맺는 일이다.

사람은 사람에게 다가가 꽃이 되기를 원한다

"인생에도 명품인생이 있다. 그것은 명품으로 몸을 치장한다는 의미가 아니다. 명품 인생은 명품 관계가 만들어준다. 다시 말하면 좋은 인간관계가 명품 인생을 만들어주는 것이다."

살아가는 일은 사람과 관계를 맺는 일의 다른 말이다. 태어나면서 처음으로 엄마와 관계를 맺고 가족과 관계를 맺으며, 유치원과 학교에 다니며 친구와 관계를 맺는다. 그리고 결혼하며 배우자와 관계를 맺고 자식을 낳아 기른다. 직업 속에서 자신의 꿈과 관련되거나 돈과 관련된 사람과 관계를 맺기도 하며 동호회 등 자신이 좋아하는 것을 하며 관계를 맺기도 한다.

사람과 관계를 맺는 일이 곧 살아가는 일이다. 누구와 어떤 관계를 맺느냐에 따라 얼마나 가치 있는 삶을 사는가가 결정된다. 좋은 생을 살기 위해서는 좋은 관계 맺기에 노력해야 한다. 좋은 관계를 은유적으로 표현하자면 꽃으로 표현할 수 있다. 그렇기에 얼마나 좋은 관계를 많이 맺느냐가 얼마나 향기로운 삶을 사느냐로 결정된다. 향기로운 삶이란 자신에게도 좋은 것이지만 다른 사람에게도 향기가 된다. 그것은 모두에게 귀한 가치가 된다.

그렇게 중요한 인간관계를 사람들은 어려워한다. 그것을 교과서로는 배울 수 없기 때문이다. 그것이 이 책을 쓴 이유이다. 이 책은 좋은 인간관계를 맺는 방법과 그것을 지속하는 방법뿐만 아니라 인간관계에서 발생할 수 있는 문제를 해결하는 방법까지 다루었기에 이 책을 읽으면, 좋은 관계를 맺는 데 도움이 될 것이다. 또한, 자신이 가진 관계에 대해 다시 생각해보는 계기를 마련해주리라.

오십 년 넘는 생을 살아오면서 숱한 사람을 만났다. 때론 그들이 나에게 상처를 주기도 하고, 내가 그들에게 상처를 입히기도 했다. 귀한 의미가 된 만남도 있었으며, 차라리 만나지 않았더라면 더 좋았을 거로 생각되는 만남도 있었다. 편한 만남도 있었고 불편한 만남도 있었다. 어떤 만남이든지 살아가면서 관계를 맺지 않고 살 수는 없다.(산속에 홀로 들어가 살 수도 있겠지만, 그도 이미 과거에는 사람과 관계를 맺은 사람이다. 이 책에서는 그런 특별한 경우를 말하는 것이 아니고 일반적인 상황을 전제로 한다.)

누구나 좋은 인생을 살고자 한다. 그것은 사회적 동물인 인간의 본능에 해당한다. 사람은 사람에게 다가가 관계의 꽃을 피우고 싶어 한다. 하지만 많은 부분 꽃이 피기도 전에 시들어버린다. 그것은 누구에게나 있는 이기심 때문이며, 욕심 때문이며, 사람을 대하는 것이 서툴기 때문이며, 자신과 맞지 않기 때문이다. 앞으로 내가 살아갈 시간을 생각해보니 병이나 사고가 나지 않는 것을 전제로 약 30년 전후가 되지 않을까 생각한다. 책을 쓴다는 것은 인생의 변곡점을 지나는 의미가 있다. 그렇기에 이 책은 인간관계를 보다 성숙하게 만드는 앞으로 더 살아야가야 할 나 자신을 위한 것이며, 더욱더 인간관계를 좋게 만들어 가치 있는, 향기로운 삶을 살고자 하는 독자를 위한 책이 될 것이다.

대한민국에서 태어나 50년 넘게 인간관계를 맺으며 살았다. 그러면서 느낀 점은 좋은 관계를 맺는 것은 특별한 방법이 있는 것이 아니라 관계에 대한 기본적인 마인드만 있으면 얼마든지 가능하다는 것이다. 이 책은 필자의 경험에 의미부여 하는 방식으로 적었다. 그것은 객관적인 관계에 대한 성찰과 동시에, 주관적인 관계에 대한 성찰이 있다는 것과 두 가지가 교차하는 교집합적인 부분이 있다는 것을 의미한다. 또한, 독자가 동의하는 부분과 그렇지 않은 부분도 있으리라. 동의하는 부분은 자신의 관계에 대한 개념을 공고히 하는 계기가 될 것이며, 비록 동의하지 않는 부분이라 할지라도 그것이 자신의 인간관계에 대한 가치를 새롭게 정립하는 기회가 될 것이다.

다른 사람이 쓴 자기계발 책을 읽어보면 예문은 자신의 이야기가 아닌 다른 사람의 이야기를 인용한 것을 많이 보게 된다. 그리고 무엇을 어떻게 해야 한다는 말을 서술하고 있다. 그런 것도 의미가 있지만, 시중에는 이미 그런 다른 사람의 경험에 의미를 붙인 인간관계에 관련된 책이 많이 출간되었기에, 필자는 다른 사람의 이야기보다 나의 이야기를 중심으로 인간관계에 대한 책을 썼다. 내가 나에 관해 쓰는 글은 직접 경험을 쓰는 것이지만, 다른 사람의 이야기를 쓰는 것은 조사하거나 들은 이야기를 쓰기에 간접 경험을 쓰는 것이 된다. 자신의 이야기를 직접 쓰기에 보다 큰 진정성을 가지리라 믿는다.

어떤 책이든 스토리가 들어간 글은 가독성이 좋고 이해하기도 수월하며, 공감도 되고, 쉽게 잊히지도 않는다. 자신의 이야기를 쓰는 것에 있어 단점은 경험에는 한계가 있어 충분한 스토리를 확보하기 위해서는 머리를 짜내어야 하는 노력을 수반해야 한다는 것이다. 물론 다른 사람이 쓴 책이 의미가 없다는 말은 아니다. 그 책을 쓰기 위해 조사를 하고 분석을 하고 객관화 작업을 거치는 각고의 노력을 하여, 인생의 나침반이 될 만한 글을 썼을 것이다. 충분히 가치가 있다. 그렇지만 가치의 측면에서 본다면 자신의 경험을 쓴 책과 책을 쓴 방법이 다를 뿐 어느 것도 더 가치 있다고 말하기는 어렵다. 어떤 책이든 그 책을 읽고 판단하고 해석하는 것은 독자의 몫이다. 어떤 이에게는 분석과 객관화 작업을 거친 책이, 어떤 이에게는 작가의 직접적인 경험을 쓴 책이 더 가치 있게 느껴지리라. 중요한 것은 독자의 공감이며, 단 한 사람만이라도 내 책을 읽고 풍요로운 인간관계를 맺게 되어 더 나은 삶을 살 수 있게 된다면, 그 나름의 의미가 있다고 생각한다.

그런 의미에서 이 책은 대부분 필자의 경험을 토대로 서술했기에 의미가 있다고 자평한다. 하나의 주제나 가치에 대해 글을 쓰려면 그와 유사한 경험을 생각해내기 위해 온종일 머리를 짜며 생각해야 한다. 기억에는 한계가 있기 때문이다. 며칠이 걸려 하나의 생각을 얻은 글도 있다. 그런 만큼 이 글은 진정성이 있는 글이라 말하고 싶다.

이 글을 쓰는 것은 우선 나를 위한 것이다. 인간관계에서 실패한 것을 되돌아보고 다시는 그런 실패를 경험하지 않기 위해서다. 한 마디로 실패를 통해 교훈을 얻고자 함이다. 좋은 관계를 맺고 있는 사람에 대해서도 다시 되돌아보고 어떻게 해서 그런 관계를 형성하게 되었는지에 대해 생각해보기 위해서다. 인간관계의 실패와 성공, 그리고 이것도 저것도 아닌 관계에 대해 나름 깊이 있는 생각을 해보면, 앞으로 남은 인생을 보다 좋은 인간관계를 맺으며 살 수 있지 않을까 하는 기대로 이 글을 쓴 것이다. 어쩌면 이것은 기존 관계에 대한 새로운 의미부여가 될 수도 있을 것이며, 새로운 마음으로 인간관계를 다시 시작하게 하는 변곡점이 될 수도 있다.

난 특별한 인간관계를 가지고 있지 않다. 유명 정치인이나 연예인이나, 유명 작가 등과도 개인적인 친분이 없다. 하지만 난 좋은 관계를 많이 가지고 있다. 왜냐면 내가 가진 관계에서 좋은 의미를 찾기 때문이다. 사람은 누구나 관계를 맺고 살아간다. 특별할 것이 없는 관계에도 좋은 의미를 부여하면, 자신뿐만 아니라 다른 사람에게도 특별한 의미가 된다. 왜냐면 세상에 똑같은 관계는 없기 때문이다. 찾고자 마음만 먹는다면 얼마든지 찾을 수 있을 뿐만 아니라, 그렇지 않다면 자신이 좋아하는 관계로 만들어 갈 수도 있다.

다음으로는 독자를 위해 썼다. 나의 경험으로 엮은 책을 읽고, 독자 자신의 경험과 결부하여 해석하고 앞으로 살아갈 날에 좋은 관계를 많이 맺게 되었으면 좋겠다는 바람이 있기 때문이다.

세상에는 많은 제품이 있다. 그중에서 좋은 제품을 우리는 명품이라 부른다. 그처럼 살아가면서 우리는 수많은 관계를 맺는다. 그런 관계 중에 가장 좋은 관계를 명품관계라 이야기할 수 있다. 이 책을 읽고 명품관계를 많이 맺어 명품 인생을 살아가기 바란다.

들어가는 말_사람은 사람에게 다가가 꽃이 되기를 원한다 … 7

제1장 명품 인생을 만드는 명품 관계 맺는 법

나와 '나' 사이 좋은 관계 만들기 … 16

자신과의 관계를 좋게 하는 방법 … 18

자신을 호감 가는 모습으로 만들자 … 22

사람을 모으는 신비한 묘약, 웃음 … 25

장점 발견자가 되자 … 29

명품관계를 만들 사람을 적극적으로 찾아서 관계를 맺자 … 34

칭찬의 힘 … 39

위로의 힘 … 41

고맙데이 … 44

SNS를 통한 유용한 관계 맺기 … 46

타이밍을 놓치지 마라 … 49

관심의 유통기한, 관심은 크기가 아니라 빈도다 … 50

형편에 맞게 그리고 먼저 베풀자 … 51

대화할 때 행간을 읽어라 … 54

모든 관계는 일단 긍정에서 시작하자 … 55

좋은 관계를 가진 사람을 만나자 … 57

좋은 추억을 많이 만들어라 … 60

대화를 가장 잘 하는 방법은 들어주는 것 … 62

그냥 옆에 있어 주는 것만으로도 위안이 된다 … 65

제2장 인간관계에서 생긴 문제에 대처하는 법

굳이 내가 나설 필요는 없다 … 70

호구가 되지 않는 법 … 72

무시를 당했을 때 해야 할 일 … 75

인간관계에서 가장 큰 적은 부담을 주는 것 … 78

마음 문 먼저 닫기 게임에서 승자는 없다 … 80

사람을 소개하는 것은 신중해야 한다 … 82

대세에 지장 없으면 그냥 넘어가자 … 85

겸손하자 은연중에 자랑하지 말자 … 89

지금 나로 인해 상처 받고 있는 사람은 없는가? … 92

꽁꽁 언 마음을 풀자 … 94

하고 싶은 말은 하고 살자 … 96

제3장 지금 당신은 좋은 관계를 맺고 있는가?

지금, 당신 옆에는 어떤 사람이 있는가? … 100

나의 인간관계는 어떠한가 … 104

좋은 관계는 인생의 변곡점이 되기도 한다 … 107

내가 생각하는 좋은 관계란? … 109

제4장 갈등관리, 배려, 나눔, 협력

대입 자기소개서 3번 문항 … 114

갈등관리 … 116

좋은 관계의 필수는 배려 … 120

배려박이 이야기 ··· 122

퍼주기 좋아하는 아내 ··· 126

협력은 +@를 만든다 ··· 129

제5장 명품 관계의 기초는 좋은 가족 관계로부터

좋은 부모보다는 명품 부모가 되자 ··· 133

소중한 사람에게 시간을 내어주라 ··· 136

소중할수록 함께 하는 시간이 많아야 한다 ··· 139

간섭보다는 도와주는 부모가 되라 ··· 142

명품 부부를 만드는 행복 십계명 ··· 146

난 지금의 아내와 재혼했다 ··· 151

경제공동체와 가족 관계 사이의 두 가지 측면 ··· 155

사랑에도 적당한 거리가 필요하다 ··· 159

며느리와 좋은 관계를 맺는 방법 ··· 161

제6장 조개의 상처가 진주를 만든다

우물에 함부로 침 뱉지 말자 ··· 165

나에겐 고칠 점이 많아 ··· 169

실패에서 배우기 ··· 172

제7장 명품 인연은 지구를 돌아 다시 찾아온다

한번 사수는 영원한 사수 ··· 176

부드러운 카리스마 한정수 목사님 ··· 179

명품 인연은 지구를 돌아 다시 찾아온다 ··· 184

글을 마치며 ··· 187

제1장
명품 인생을 만드는 명품 관계 맺는 법

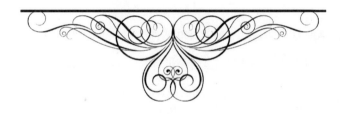

나와 '나' 사이 좋은 관계 만들기

    명품관계를 맺기 위해서는 타인과의 관계도 중요하지만, 그 이전에 먼저 자신과의 관계가 좋아야 한다. 나는 생활하는 나와 그런 나를 바라보고 의미를 부여하며 관리하는 '나'가 있다. 그것은 어쩌면 부모와 자식 간의 관계와 유사하다. 자신에 대해 끊임없이 나무라고 비난한다면 자신과의 관계가 좋다고 이야기할 수가 없다. 잔소리하는 부모와 진배없는 것이다.

    자신과의 관계를 좋게 하기 위해서는 먼저 나에게 좋은 말을 해주어야 한다. 만약 남에게 칭찬을 받는다고 생각을 한다면 기분은 좋아지고 칭찬해주는 그와 사이도 좋아질 것이다. 그처럼 나에게 스스로 칭찬을 해준다면, 나는 자존감이 커질 수 있다. '또한, '나'는 나에게 끊임없이 긍정적인 말을 해주어야 한다. '나는 잘 할 수 있어.' '나는 사랑이 많은 사람이야.' '나는 긍정적인 사람이야.' '절망은 나에게 어울리지 않는 단어야.' '나에게

위기는 기회야.' '나는 착한 사람이야.' '나는 우리 가족을 정말 사랑해.' '나는 목표를 정하면 최선을 다하는 사람이야.' '나는 책임감이 강한 사람이야.' '새로 시작하는 이 일을 나는 잘 할 수 있을 거야.' '화가 나지만 잘 참을 수 있어.' 이렇게 끊임없이 자신에게 긍정적인 말을 한다면 얼굴에 웃음이 묻어나고 인간관계에서 상대에게 호감을 줄 수 있는 사람이 될 수 있다.

나와 '나'가 관계가 좋지 않은 사람은 자신에게 끊임없이 욕을 퍼부어 댄다. 관계가 좋지 않은 다른 사람을 욕하듯이. 누군가가 나를 24시간 따라다니며 욕을 퍼부어 댄다면 얼마나 고통스러울까? 이런 관계를 우리는 자신에 대해 부정적이라는 말로 표현한다. '나는 할 수 없어.' '우리 엄마는 왜 그렇게 잔소리만 할까?' '직장 상사는 전생에 틀림없이 나와 원수지간일 거야.' '이런 일을 하면 틀림없이 사람들은 나를 싫어할 거야.' '사람들은 왜 나만 미워할까?' '나는 되는 일이 하나도 없어.' '난 불행해.' 이렇게 끊임없이 자기를 비판한다면 어떻게 나를 사랑할 수 있겠는가? 아마도 다른 사람에게 이런 부정적인 말을 퍼부어 댄다면 그 사람과는 관계 단절을 떠나 원수가 되지 않을까? 부정적인 사람은 정신적으로 자신을 괴롭힐 뿐만 아니라 자신에게 깊은 상처를 남기기도 한다.

나와 '나'의 관계가 좋아야 다른 사람과의 관계도 좋을 수 있다. 나에게는 끊임없이 부정적인 말을 하는 사람이 어떻게 다른 사람에게는 좋은 말을 해줄 수 있을까? 사람은 자신이 가지지 못하는 것을 다른 사람에게 줄 수 없다. 명품 관계를 맺기 위해서는 먼저 자신과의 관계가 좋아야 한다. 자신을 긍정적으로 대해주는 '나'를 가져야 한다. 그렇게 되기 위해서는 자신에게 좋은 일을 많이 만들어주어야 한다.

자신과의 관계를 좋게 하는 방법

첫째, 자신에게 좋은 이야기를 들려주라. 좋은 관계를 지닌 사람을 만나면 좋은 이야기를 자신에게 들려줄 수 있다. 강연회를 다녀도 되고, 책을 읽어도 된다. 독서는 자신에게 이야기를 들려주는 최고의 방법이다. 독서의 중요성은 아무리 강조해도 지나치지 않다. 자신이 세상 모든 경험을 할 수 없기에 책을 자신에게 읽어주는 것은 자신의 경험을 풍부하게 해주며, 다양한 지식을 갖게 하며, 정서적으로 안정을 준다. 해박한 지식과 풍부한 감성은 다른 사람에게도 호감을 주는 중요한 요소이다. 그렇기에 자신과 대화하며 좋은 이야기를 많이 들려주어야 한다. 지난날의 좋았던 기억에 관해서 이야기를 나누면 좋은 기분이 될 수 있으며, 앞으로도 좋은 일을 만들기 위해 더 노력하게 될 것이다. 그러면 나와 '나' 사이의 친밀도는 더욱 높아진다.

둘째, 자신을 좋은 곳으로 데려다주어라. 혼자든지 아니면 좋은 관계를 맺은 사람과 함께 이든지 영화관을 가서 재미있는 영화를 보여주거나, 카페에 가서 수다를 떨게 하거나, 맛집으로 데려가 맛있는 것을 사주거나 여행을 데려가는 것이 그것이다. 많은 사람은 자신을 데리고 국내든 해외든 가서 자신에게 재미있는 구경을 시켜준다. 아내는 한 번씩 혼자 수고한 자신을 데리고 바닷가 카페로 가서 커피도 사주고 토스트도 사준다. 그것을 통해 에너지를 충전하고 살아갈 힘을 얻는다고 한다. 자신을 집과 사무실에 가두고 일만 시킨다면 자신은 얼마나 재미없고 힘든 삶을 살아가게 되는 것일까?

셋째, 자신에게 휴식을 주라. 열심히 일하는 목적이 무엇인가? 자아를 실현하고 행복하게 살기 위해서가 아닌가? 그런데 현대인은 최선을 다한다는 명목으로 자신을 혹사하는 경우가 많다. 경쟁에서 질 수도 있다는 불안감으로 휴식도 갖지 못하고 자신을 일만 죽도록 시킨다. 하지만 효율적인 면에서 보면 휴식 없이 일하는 것보다는 휴식을 취하면서 하는 일이 더 낫다. 개구리가 멀리 뛰기 위해서는 자세를 잡는 준비하는 시간이 필요하다. 폴짝폴짝 뛸 때마다 자세를 가다듬는다. 휴식은 더 멀리 뛰게 하는 준비하는 시간이다. 자신에게 휴식을 주지 않고 혹사를 하니 정서적으로도 피곤하고 육체적으로도 과로하게 된다. 달리기는 한정된 구간만 빨리 달리게 하지만, 휴식을 취하면서 걷는 길은 그 한계가 없다. 인생은 달리기가 아니라 쉬면서 길을 걷는 것이다. 천상병 시인은 "인생은 소풍"이라고 하지 않았던가? 천천히 쉬면서 걸으면서 자신에게 경치도 보여주고 좋은 생각도 많이 하게 하라. 그 쉼이 휴식이다. 휴식을 취한 사람의 얼굴에는 여유가 흐른다. 삶에 허덕이는 사람보다는 여유가 있는 사람을 다른 사람은 좋아한다. 자신에게 충분히 휴식을 취하게 해준다면 새롭게 시작할 힘을 얻게 될 것이다.

넷째, 자신을 사랑하게 해주라. 우리는 사랑이라는 말을 많이 쓴다. 연인을 사랑하고, 자식을 사랑하고, 부모를 사랑하고, 친구를 사랑하고, 선생님을 사랑하고, 심지어 고객을 사랑한다고 말한다. 그런데 정작 자신을 사랑하지 못하는 경우가 많다. 관리하는 '나'가 자신을 이 세상에서 가장 잘 알기 때문이다. 의지가 약한 부분, 약속을 지키지 않는 부분 등 다른 사람이 모르는 약점을 많이 알기에 자신을 사랑하기 힘든 것이다. 하지만 반대로 생각할 수도 있다. '나'가 자신의 장점을 세상 누구보다도 잘 알기에 좋은 점을 쉴 새 없이 말해줄 수도 있는 것이다. 먼저 자신을 사랑해주라. 자신을 사랑하지 않으면서 어떻게 다른 사람을 사랑할 수 있겠는가? 나에게 '나를 사랑해', '나는 귀한 사람이야', '난 중요해' 하는 말을 시간이 있을 때마다 들려주며 나에게 사랑 표현을 하자. 사랑은 표현이다. 자신을 사랑할 줄 아는 사람에게 다른 사람도 사랑을 주고 싶어 한다.

"하늘은 스스로 돕는 자를 돕는다."

다섯째, 자신을 안심시켜라. 걱정은 자신을 불안하게 만드는 요인이다. 걱정하는 일의 대부분은 일어나지 않는다고 한다. 하지만 꼭 일어나는 불안한 일도 있기 마련이다. 그럴 때는 자신에게 '그런 일이 일어나도 난 충분한 대책을 갖고 있기 때문에 걱정할 필요가 없다.'라는 자신감을 심어주어야 한다. 그래야 위기에도 대처능력이 생기고 잘 해낼 수가 있다. 그런데 많은 사람은 일어나지도 않을 일에 대해 자신을 걱정시키며 불안하게 만든다. 일어나도 잘 대처할 수 있다는 믿음을 주며 자신을 안심시키자. 걱정으로 해결되는 일은 없으며, 상황을 더욱 악화시키는 결과만 만들 뿐이다. "걱정도 사서 한다."라는 말이 있다. 여기서 '사서'란 말에 주목하면 사는 행위는 대가를 지불하는 행위이다. 걱정에는 꼭 정신적인 에너지 소비뿐만 아니라 물질적인 비용이 발생하게 되는 것을 의미한다. 걱정으로 얼굴을 찌푸린 사람에게 호감을 느낄 사람은 없다. 걱정하지 않는 사람은 당당하며, 자신감이 넘친다. 사람은 그런 사람과 관계를 맺고 싶어 할 것이다. 자신을 안심시켜 자신감 넘치는 나로 만들자. 걱정하지 말자.

여섯째, 자신에게 희망을 주라. 꿈을 가지게 하고 그 꿈을 이루기 위한 동기부여를 하라. 그리고 그 꿈을 이루기 위해 어떤 실행을 할 것인지 계획을 짜게 하라. 그리고 실행하게 하라. 꿈이 있는 나는 작은 것에 흔들리지 않고 그 꿈을 향해 나아가게 된다. 꿈은 날개와 같다. 그렇기 때문에 꿈이 있는 사람의 어깨는 쫙 펴진다. 꿈이 없다면 자신이 좋아할 만한 것을 끊임없이 제시하라. 그리고 고민하게 하라. 꿈을 선택할 때까지. 그러면 동기가 부여되고 자신감이 생긴다. 자신감을 가진 사람은 다른 사람과 관계를 맺을 때도 당당해진다.

이 이외에도 나와 '나' 사이의 관계를 좋게 만드는 방법은 많이 있다. 방법을 생각하여 실행한다면, 대인관계에서 훨씬 더 성숙한 모습을 보여 좋은 관계를 많이 만들 수 있다. 인생은 어차피 관계를 맺는 과정이다. 좋은 관계가 좋은 인생을 만든다. 그러려면 무엇보다 긍정적인 생각을 해야 한다. 그 방법은 나와 나를 관리하는 '나' 사이가 좋은 관계를 맺는 것에서 출발한다.

자신을 호감 가는 모습으로 만들자

처음 만날 때 첫인상이 중요하다는 것은 누구나 알고 있는 사실이다. 그런 첫인상을 만드는 것이 외견상 드러나는 부분이다. 그렇다고 명품으로 치장하라는 말이 아니다. 명품으로 치장을 하면 오히려 다른 사람이 다가서기 어렵게 만드는 요인이 되며, 상대적 박탈감을 줄 뿐만 아니라 시기의 원인을 제공한다. 굳이 명품으로 치장을 하지 않더라도 상대방에게 호감을 줄 수 있는 방법은 많다. 그리고 상대에게 호감을 줄 수 있는 자신만의 노하우를 누구나 한두 가지쯤은 가지고 있다. 어떤 옷을 입으면 좋은지, 만날 때 어떤 표정을 지으면 상대에게 호감을 살 수 있는지에 대해서 스스로 알고 있다는 것이다.

호감 가는 모습은 상대에 대한 배려이기도 한 동시에 자신을 위한 배려이기도 하다. 잘 차려입은 모습을 거울을 통해 보면 자신감이 생기게 된다. 그리고 다른 사람에게 자신은 스스로를 관리하는 사람이라는 인식을 심어줄 수 있다. 스스로를 관리한다는 것은 자신의 인생을 소중하게 생각하고 있다는 것의 다른 말이다. 그 말은 다른 사람의 인생도 소중하게 여길 줄 안다는 의미도 포함한다.

말은 이렇게 하지만 사실 자신을 항상 호감 가는 모습으로 만들기는 쉽지가 않다. 외모를 가꾼다는 것은 그만큼 시간이 들어가는 일이다. 바쁜 현대를 살아가면서 매일매일 자신을 가꾸는 시간을 내기는 쉽지가 않다. 하지만 그 필요성을 깊이 인식한다면 아무리 바쁘다고 할지라도 그것을 먼저 할 수 있을 것이다. 그런데 자신을 가꾸는 것이 지나치면 역효과도 만만하지 않다. 우선 금전적으로 낭비가 될 수 있으며, 불필요한 시간이 소요될 수 있고, 심하면 치장하는 것 때문에 약속 시간에 늦을 수도 있다. 그것은 자신을 관리하는 것이 아니라 오히려 관리가 되지 않는 것이 된다.

우리는 경험을 통해 외출 준비를 하는 시간이 얼마나 소요되는지를 알 수 있다. 그 시간을 만들어야 한다. 또한, 수입에서 자신을 가꾸는데 필요한 적당한 비용을 확보해 두어야 하고 계획적으로 소비를 해야 한다. 자신의 수입에서 과다한 비용 산정도 문제지만, 무계획적인 소비도 문제가 된다.

아내는 외모를 중요시하고, 난 내면을 중시했다. 성철 스님이 누더기를 입는다고 성철 스님이 되지 않는 것이 아니다. 드러나는 것이 중요한 것이 아니라 근본이 중요하기에 외모는 내적인 미보다는 중요하지 않다는 것이 내 주장이었다. 사실 난 외모 가꾸는 것을 귀찮아하는 경향이 짙었다. 옷도 되는 데로 입고, 특별히 격식을 차리는 자리가 아니라면 편한 옷이 좋았다. 또한, 이발도 가장 싼 곳을 찾아서 했으며 얼굴에 스킨, 로션 바르는 것도 잘 하지 않았다. 아내는 선크림을 바르고 다니라고 나에게 잔소리했지만, 그것도 습관이 되지 않으니 잘 안 되었다. 젊었을 때는 젊음으로 굳이 가꾸지 않아도 봐줄 만 했지만, 나이가 드니 상황은 달라졌다. 흰 머리카락이 생기고 주름이 늘고 얼굴에 검은 점도 생겼다. 내 나이보다 더 많게 나이를 보는 사람이 생기고, 후줄근한 내 모습에 편견을 갖는 사람을 만나고 보니 아내의 말이 옳다는 것을 느끼게 되었다. 아내와 끊임없이 부딪혔던 외모에 대한 싸움은 나의 패배로 끝이 났고 난 아내의 말을 듣기로 했다. 더 외모를 방치해서는 안 되겠다고 뼈저리게 느끼게 된 것이다. 성철 스님은 성철 스님이기에 누더기를 입어도 빛이 나지만 난 성철 스님이 아닌 것이다.

그런데 외모를 가꾸는 것이 습관이 되어있지 않으니 생각은 하면서도 잘 안 되었다. 그렇지만 요즈음은 정기적으로 이발과 염색을 한다. 그리고 옷도 가능하면 그날의 기분에 잘 맞는 옷을 단정하게 입는다. 거울 보고 웃는 연습도 하며 좋은 표정을 만들기 위해 노력한다. 그동안 뒤로 빗어 넘기기만 하던 머리를 이마의 굵은 주름을 가리기 위해 이마 위로 약간 내리는 스타일로 빗는다. 그러다 보니 자신감이 더욱 생기는 것 같다. 또한, 다가오는 한 해의 슬로건을 "외모 가꾸기의 해"로 정해두었다.

명품 관계를 맺을 때 호감을 주는 모습은 가장 처음 할 일이다. 단정한 외모는 더 좋은 관계를 맺게 해주는 역할을 톡톡히 한다. 아내는 "외모도 경쟁력이다."라는 말을 한다. 그 말에 전적으로 동의한다. 하지만 외모가 전부는 아니다. 외모가 더 빛을 발하기 위해서는 내면의 아름다움이 받쳐 주어야 한다.

사람을 모으는 신비한 묘약, 웃음

　얼굴에도 꽃은 핀다. 그것을 웃음꽃이라 부른다. 꽃이 향기로 벌과 나비를 부르듯 이 꽃은 즐거움이란 향기로 사람을 불러 모은다. 장미 나무에는 가시가 많이 있지만, 사람은 가시보다는 장미꽃의 아름다움을 더 기억한다. 상대와 대화를 하며 웃어준다는 것은 당신과 함께 있어 즐겁다는 것을 의미한다. 자신과 있기를 즐거워하는 사람에게 나쁜 감정을 갖는 사람은 없다. 웃음은 하나님이 인간에게 선물한 가장 고귀한 묘약이다. 그런데 사람은 그런 묘약을 가지고도 그 가치를 모른다. 명품 관계를 맺고 싶은가? 그러면 얼굴에 늘 웃음꽃을 피우자.

　사람은 본능적으로 찡그린 얼굴보다는 밝고 미소 짓는 얼굴에 호감을 느낀다. 대부분의 사람은 웃는 상황에서만 웃는다. 하지만 웃는 상황이 아니더라도 웃어보자. 그럴 수 있는가? 있다. 웃는 연습을 하면 된다.

이 글을 쓰는 나 또한 그리 표정이 밝지 않았다. 특히 경상도 남자를 말할 때는 어김없이 '무뚝뚝한'이라는 말이 수식어로 붙는다. 그 말은 조상 때부터 대대로 상표처럼 이어져 내려 왔다. 사전을 찾아보면 '무뚝뚝한'이란 말은 '말이나 행동, 표정 따위가 부드럽고 상냥스러운 면이 없어 정답지가 않음.'으로 되어있다. 사람을 만날 때마다 얼굴에 미소를 짓는 사람을 보면 그 사람이 상냥스럽고 부드럽고 정다운 사람으로 느껴졌지만, 내가 그런 사람이 되어야겠다고 생각하지 못했다. 그러다 보니 얼굴은 항상 무표정하게 굳어있었다. 그런 얼굴이 다른 사람에게 호감을 줄 리 만무했다. 아마 모르긴 해도 내 무표정한 얼굴로 인해 좋은 관계를 맺을 수많은 기회를 놓쳤으리라.

특히 나이가 들어가니 무표정한 얼굴이 한술 더 떠 점점 더 내가 원하지 않는 얼굴로 변해갔다. 머리는 빠지고 주름살은 늘어나고 얼굴은 중력의 영향인지 아래로 쭉 쳐졌다. 특히 페이스북이나 밴드 등의 SNS에 사진을 올릴 때면 내 인상이 마음에 들지 않았다. 그런 중에 텔레비전에서 웃는 연습을 한다는 누군가의 말을 들었다. 그때는 시도한다는 생각을 못 했는데, 어느 날 거울에 비친 내 모습을 보고 나도 모르게 한숨이 나왔고 예전에 본 텔레비전의 웃는 연습하는 장면이 떠올랐다. '그래! 웃는 연습을 한번 해보는 거야. 청년은 아니지만 그래도 중년의 세월을 무표정하게 보낼 수는 없다. 얼굴이 무표정하면 인생이 딱딱해진다.'라는 생각이 들었다. 나의 장점 중의 하나는 좋다고 생각하면 일단 시도를 해보는 것이다. 성공과 실패는 그다음 문제다. 그리고는 거울을 볼 때마다 내가 웃을 수 있는 가장 큰 웃음을 짓기 시작했다. 또한, 엘리베이터를 탔을 때, 다른 사람이 없을 때마다 거울을 보고 웃는 표정을 지었다. 자동차 운전을 할 때도 이빨이 드러날 때까지 입꼬리를 들어 올리며 웃는 연습을 했다. 어느 순간 웃는 연습을 하는 것이 무의식 속에 녹아 들어간 것 같다고 느끼게 되었다. 그러다 보니 세상을 살아가면서 부정적인 상황에 부닥치더라도 억지로라도 웃을 수 있게 되었다. 그것은 나쁜 상황에 처하더라도 비관적이 아닌 일단 긍정의 생각으로 상황에 대응하게 했다. 그러면서 긍정적인 삶을 실천하는 데는 웃음이 명약이라는 사실도 깨달았다.

웃는 일이 생겨야 웃는 것이 아닌 웃으면 웃는 일이 생긴다는 누군가의 말도 있다. 웃음은 뇌도 속일 수 있다고도 한다. 부정적인 상황에서도 웃다 보면 그 부정적인 상황이 해소될 수도 있다는 의미이다.

자기 자신의 얼굴이 마음에 들지 않는데, 어떻게 다른 사람에게 호감을 줄 수가 있을까? 사람을 대할 때 의도적으로 약간의 웃음기를 머금고 있다면, 편안한 사람, 부드러운 사람, 살가운 사람, 정다운 사람이라는 인상을 줄 수 있다. 의식적이든 무의식적이든 일을 할 때면 다른 사람의 얼굴과 마주하게 된다. 볼 때마다 미소를 머금고 있는 사람을 생각해보라. 그 사람에 대해 호감을 느끼기 싫어도 갖게 될 것이다.

웃는 연습을 하다 보니 사진 찍을 때도 웃는 얼굴로 찍게 되었고, 어느 순간부터 페이스북 등 SNS에 사진을 올릴 때 웃는 얼굴을 올리게 되었다. 그러다 보니 지금 SNS상의 내 사진 대부분은 웃는 얼굴이다. SNS에는 나를 아는 사람도 있고 모르는 사람도 있다. 아는 사람은 '윤창영 얼굴이 많이 좋아졌네.'라는 생각을 할 것이고, 모르는 사람은 나를 긍정적인 사람으로 인식해 주리라. 실제 오랜만에 지인을 만나면 과거에는 듣지 못했던 얼굴 좋아졌다는 말을 많이 듣는다. 그러다 보니 정말 얼굴이 좋아졌다고 스스로도 느끼게 되고 사람 만나는 것에도 자신감이 생겼다.

단지 웃는 연습을 했을 뿐인데, 내 삶이 많이 긍정적으로, 적극적으로 변화되었음을 느낀다. 아내의 말을 빌리자면

"삐치는 것이 많이 줄었다."

아내는 내가 화내는 것을 삐쳤다고 표현한다. 삐치는 것이 줄었다는 말은 화를 내는 것이 줄었다는 의미이다. 나는 화가 나면 인상이 굳어지고 말을 잘 하지 않는다. 아내는 이런 내 얼굴을 눈 뜨고는 차마 봐줄 수 없다고 말하곤 했다. 웃는 연습으로 부드럽게 된 내 얼굴은 화가 나더라도 과거의 악어 얼굴처럼은 되지 않게 되었다. 웃는 연습으로 인해 스스로가 나를 좋게 평가할 뿐만 아니라 다른 사람도 더 나를 좋게 봐주는 것을 느끼게 되었다. 또한, 직장생활이나 동호회 등에는 사람에 대한 뒷말이 많다. 누구는 무엇이 어떻고, 누구는 무엇이 잘못되었고 등의 말을 하며 험담을 한다. 예전에는 다른 사람이 말을 하면 솔깃하여 넘어갔다. 그리고 험담을 하는 사람과 같은 시각으로 그 사람을 평가했다. 그런데 요즈음은 아주 느긋해짐을 느끼게 된다. 다른 사람이 나 앞에서 누군가의 험담을 해도 그냥 웃고 넘기는 경우가 많아졌다. 그리고 그 험담이 점점 듣기 싫어져, 내 앞에서는 다른 사람의 욕은 하지 않았으면 좋겠다고 말할 때도 있다. 그만큼 사람에 대해 나 자신이 긍정적인 생각을 하게 된 것이다.

인간관계에서 웃음은 중요하다. 혼자 있을 때 한 번씩 자신이 지을 수 있는 가장 큰 웃음을 지어보자. 거울을 보고하면 좋고, 그렇지 않더라도 입꼬리를 올리며 웃어보자. 소리 내어 하하하 웃어도 좋다. 그러면 기분도 좋아지고 삶에도 활력이 생긴다. 혼자 있을 때 큰 웃음을 지으면 다른 사람을 만날 때에도 의도하지 않더라도 자연스럽게 얼굴에 엷은 웃음기가 생긴다. 웃는 인상은 자연스럽게 상대방에게 호감을 느끼게 하여 명품 인간관계를 만들어 준다. 아울러 한 가지 아쉬운 점은 좀 더 젊은 나이에 이러한 사실을 깨닫고 실행하지 못했다는 점이다. 만약 그렇게 했더라면 훨씬 빨리 명품 관계를 많이 맺을 수 있었으리라.

장점 발견자가 되자

장점이란 보석과도 같은 것이다. 광산을 생각해보라. 보이지 않는 땅 밑에는 많은 보석이 있지만 아무나 그것을 가질 수 없다. 보석은 찾는 자가 가지는 것이다. 사람에게도 많은 보석 같은 장점이 숨겨져 있다. 보석을 찾는 자가 가지는 것처럼, 장점도 찾는 자가 가진다. 장점 발견자가 되라는 말은 상대를 위하는 것처럼 보이지만, 결국은 그것을 찾는 자가 가지는 것이 되는 자신을 위하는 말이다. 상대가 아무리 장점을 많이 가진 사람이라고 해도, 그것을 알아보지 못하면 자신과 상관이 없는 사람이 되는 것이다. 재물을 많이 가진 사람은 물질적인 부자이지만, 다른 사람의 장점을 많이 찾아 그런 사람과 관계를 맺은 사람은 정신적인 부자라 말할 수 있다. 물질에서 오는 행복의 유효기간은 그리 길지 않다. 왜냐하면 행복을 느끼는 느낌은 물리적인 것이 아니라 정신적인 것이기 때문이다. 정신적인 행복의 유효기간은 무한대다. 돈을 많이 가진 사람과 인간관계를 맺는다고 해서 그 돈이 자기 것이 되지 않는다. 하지만 장점을 많이 가진 사람과 관계를 맺는 것은 그가 가진 보물을 공동으로 소유하는 것이 되며, 자신의 마음에 보물을 저축하는 것과 같다. 그런 보물을 많이 가져야 진정한 명품인생을 산다고 말할 수 있다.

"땅꾼이라는 이름은 땅을 파서 땅속의 뱀을 잡기 때문에 붙여진 것으로 전한다. 뱀의 맛과 약효는 봄·여름이 가을, 겨울보다 떨어진다. 겨울잠을 자기 위하여 영양분을 잔뜩 저장한 뱀들은 늦가을부터 땅속에 들어간다. 뱀은 무리 지어 살기 때문에 뱀 구멍 하나를 찾으면 한꺼번에 수십 마리를 잡는다."

백과사전에는 땅꾼에 대해 이렇게 설명하고 있다. 땅속에 있는 뱀을 찾는 것은 땅꾼에게는 보물을 찾는 일과 같다. 보이지 않는 땅속의 보물을 찾기 위해서는 땅을 보는 눈이 있어야 한다. 그 눈을 키우기 위해 땅꾼은 큰 노력을 했을 것이다. 세상에 그냥 되는 일은 없기 때문이다.

또 다른 의미의 땅꾼이 있다. 땅의 보이지 않는 가치를 보는 사람이라는 의미에서 필자는 땅꾼이라 부르고 싶다. 다름 아니라 땅을 사서 부자가 된 안○○이라는 사람이다. 그분은 이미 고인이 되었지만 사는 땅마다 가격이 엄청나게 올라 큰 부자가 되었다. 울산은 급속한 산업 발전으로 인해 1970년 20만 명이 되지 않던 인구가 현재 120만 명에 가까운 인구의 도시로 성장했다. 그에 따라 땅값도 상승했다. 자연스러운 가격 인상분도 있겠지만, 그는 그런 차원이 아니었다. 울산 변두리의 땅을 싼값에 사도 그가 사면 아파트가 들어섰다. 그가 사면 관공서가 들어서고, 그가 사면 공장이 들어섰다. 한번 그런 일이 생기면 그것을 우연이라고 하겠지만, 사는 땅마다 가격이 몇 십 배로 뛴다면 그것은 더 이상 우연이라 말할 수 없다. 그를 땅의 가치를 보는 눈을 가진 땅꾼으로 부르는 이유이다. 땅의 가치를 보는 눈은 우연히 생겼을까? 아니다. 내가 아는 한 그는 큰 노력을 했다. 그는 땅에 대한 지식을 가지기 위해 노력했고, 땅에 대한 뉴스를 챙기는 등 개발 정보를 분석하는 노력을 했다.

보물을 발견하는 것은 우연히 다가오는 행운에 따른 것이기도 하겠지만, 그 행운은 정말 우연일 뿐일까? 행운은 모든 사람에게 찾아오지는 않는다. 하지만 찾고자 마음만 먹는다면, 모든 사람이 보물을 찾는 방법이 있다. 광산에서 보물을 찾는 것과 땅꾼이 뱀을 찾는 것과 안00의 땅의 가치를 보고 땅을 사는 것은 모두 노력에 의한 것이다. 그렇다면 우리도 땅을 파야 할까?

보물은 땅속에만 있는 것이 아니다. 사람에게도 보물이 숨겨져 있다. 그것이 사람이 가진 장점이다. 장점 발견자가 되면 우리는 땅에서 보물을 찾는 것과 같이 사람에게서 보물을 찾게 되는 것이다. 보물을 찾는 것에 노력이 필요하다고 했다. 마찬가지로 장점을 찾는 것에도 노력이 필요하다. 그 노력은 사람을 대할 때 장점을 찾는 것을 습관으로 만드는 것이다. 그러면 우리는 장점 발견자가 될 수 있다. 인간관계를 명품 관계로 만들기 위해서는 상대에게서 장점을 찾는 것에서부터 출발해야 한다. 그러면 상대는 자신이 보물을 찾을 광산이 되는 것이며, 땅이 되는 것이다. 사람에게서 찾는 보물은 절대 땅속의 보물 못지않다. 어쩌면 그 보물로 인해 자신의 인생이 바뀔 수도 있다.

"땅에서 보물을 찾듯이 사람에게서 장점을 찾자."

직장 생활을 할 때 서울에서 온 K라는 직원이 있었는데, 평소 친하게 지내던 직원이 사석에서 K에 대해 험담을 늘어놓기 시작했다. 무언가 내가 알지 못하는 그와 맞지 않는 부분이 있었으리라. 그 직원이 말을 하기 전에는 K에 대해 난 호감을 느끼고 있었다. 가족과 떨어져 멀리 와서 고생하는 그에게 말이라도 따뜻하게 걸어주려고 했다. 그런데 평소 친한 직원이 K의 일거수일투족에 대해 험담을 하는 것을 듣다 보니 어느 순간 나도 그의 시각에서 K를 보게 되었다. 그랬더니 정말 친한 직원의 말처럼 그가 싫어지기 시작했다.

그렇지만 K는 내가 자기에게 여전히 호의를 가지고 있다고 생각하고 나를 대했다. 그런 K를 대하니 약간 불편했다. 하지만 곰곰이 생각해보니 그는 변한 점이 없는데, 내 시각이 변했다는 생각이 들었다. 어느새 나는 K에 대해 단점 발견자가 되어 있었다. 그러면서 생각했다. 사람을 대하는 눈이 장점 발견자가 되느냐 단점 발견자가 되느냐가 결과에서 엄청난 차이를 갖게 되는 것이구나 하는 것을. 그리고 다시 처음 먹었던 그 마음으로 돌아가려고 의도적으로 노력했다. 장점만 보기로 결심을 한 것이다. 그렇게 되기는 쉽지는 않았지만 조금 시간이 지나니 처음 마음이 회복되었다. K는 쾌활했으며 일도 아주 잘했고, 다른 사람이 하기 싫어하는 일을 솔선수범하여 처리했다. 일머리도 좋았으며, 남에게 배려도 잘했다. 장점 발견자가 되어 K를 다시 보기 시작한 지 며칠이 지나자 그가 더는 불편하지 않게 되었다. 그러자 그와 많은 대화를 할 수가 있었고, 그의 신상에 대해서도 조금은 알게 되었다. 그리고 우리는 아주 친해졌으며, 그런 좋은 관계가 지속되었다.

그를 나쁘게 말한 직원의 말만 듣고 그를 대했다면 난 좋은 인간관계를 맺을 기회를 놓쳐버리게 되지 않았을까? 이 일을 겪으면서 난 장점 발견자가 되어야 한다는 생각을 다시 한 번 하게 되었다. 사람은 누구나 장점만 있는 사람이 없고, 누구나 단점만 있는 사람도 없다. 단지 자신과 맞는 사람과 맞지 않는 사람만이 있을 뿐이다. 편견의 색안경을 끼고 보면 그 색깔로 사람을 대하는 것을 벗어날 수 없다. 단점이 있는 것은 당연하다. 장점이 있는 것이 당연한 것처럼. 그렇기 때문에 장점 발견자가 되면 인간관계도 부드러워질 뿐만 아니라 그 사람에게서 많은 것을 배울 기회를 가지게 된다. 한 사람은 하나의 세상을 가지고 내 앞에 찾아온다고 하지 않던가? 단점 발견자가 되면 그 하나의 세상을 잃어버리는 결과를 가지게 된다. 엄청난 손해다. 그는 신이 나에게 어떤 이유를 주어 보냈다. 사람의 머리로는 이해할 수 없는 메시지를 지니게 하고 보낸 것이다. 단점만 보며 그를 배격한다면 결국 나만 손해다.

　　그렇지만 모든 사람을 다 사귈 수는 없는 일이다. 장점 발견자가 되겠다는 안경을 끼고 보더라도 도저히 자신과 맞지 않는 사람이 있을 것이다. 그런 사람은 그냥 관계를 맺지 않으면 그만이다.

명품관계를 만들 사람을
적극적으로 찾아서 관계를 맺자

성공 요인의 대부분은 인간관계에 달려있다고 카네기는 말했다. 그 말은 살아가는 일이 곧 관계를 맺는 일이고 성공을 하는 데에 있어 필수적인 요소가 좋은 관계를 맺는 것이라는 의미이다. 그만큼 관계 맺기는 중요하다. 누구를 만나느냐에 따라 인생의 행, 불행이 결정되며, 성공과 실패가 좌우되며, 자신이 살아갈 인생의 색깔이 결정되는 것이다. 그런데 돌이켜 생각해보면 우리는 그런 중요한 것을 우연에만 의존하고 있지는 않은가?

사람이 일생을 사는 동안 몇 명을 만날 수 있을까? 지구의 인구가 80억 명이라고 할 때 우리는 1%라도 만나게 될까? 세상 모든 사람을 만나보고 관계를 맺을지를 결정할 수는 없는 노릇이다. 그렇다고 아무런 생각 없이 우연한 만남에만 의존해서도 안 된다. 그런 중요한 만남을 우연보다는 자신의 의지에 의한 선택을 통해서 하게 된다면 어떻게 될까?

우리는 목적을 가지고 관계를 맺는 것을 터부시하는 경향이 있다. 그것을 진정성이 결핍된 불순한 것으로 치부하기도 한다. 하지만 목적을 갖는다는 자체를 불순하다고 이야기할 수 없다. '목적을 가지고 관계를 맺는 것은 불순한 것이다.' 이 말은 이렇게 수정되어야 한다. '불순한 목적을 가지고 관계를 맺어서는 안 된다.' 목적은 중요하다. 문장에서도 목적어가 빠진다면 그 문장은 단순해질 수밖에 없는 것이다. 좋은 관계를 맺을 목적으로 사람을 찾아 관계를 맺는 것을 불순하다고 말할 수 없다.

거미는 자신이 필요한 먹이를 잡기 위해 거미줄을 친다. 어부는 고기를 잡기 위해 그물을 짠다. 그물은 가로와 세로가 교차하는 지점이 있어야 한다. 가로와 세로는 전혀 다른 방향이다. 즉 나와 다른 삶을 살아가는 사람과 교차하는 지점이 만남의 지점이다. 그런 만남이 연속적으로 이어져 그물 형태를 이루는 것을 우리는 관계망이라 부르기도 한다. 관계망은 사회생활을 하는데 중요한 인프라가 된다. 세상은 혼자 살아갈 수가 없다. 그렇기에 물질적이든 정신적이든 도움을 주고받으며 살아간다. 관계망이 좋으면 어부처럼 그 그물로 가치 있는 삶을 사는데 필요한 고기를 잡을 수 있다. 관계망을 엮는 것은 두 가지다. 하나는 우연히 맺어지는 관계이고, 하나는 의도적으로 맺는 관계이다.

좋은 관계를 만들기 위해서는 먼저 자신이 좋은 사람이 되어야 한다. 유유상종이라는 말이 있다. 자신이 먼저 갖추고 있으면 우연히 만나는 사람이라도 좋은 관계를 맺을 수 있게 된다. 하지만 반대의 경우라면 좋은 관계를 형성할 수가 없다. 그렇기에 좋은 관계 맺기를 원한다면 먼저 자신을 좋은 사람으로 만들어야 한다.

만약 무언가를 배우고 싶다면, 그 분야의 전문가와 관계를 맺으면 그것을 배우는 일이 한결 쉬워진다. 혼다 켄은 [부자가 되려면 부자에게 점심을 사라]는 책을 썼다. 이 책은 의도적인 관계 맺기의 중요성을 말한다. 자신이 이루고 싶은 것이 있다면 관계를 통해서 배우는 것이 필요하다. 공부를 잘하고 싶다면 공부 잘하는 친구와 관계를 맺으며 공부법을 벤치마킹하는 것도 하나의 방법이다. 성공하고 싶다면 성공한 사람과 관계를 맺으며 그 사람의 방법을 자신에 맞게 재구성한다면 성공할 가능성이 커진다.

관계를 맺는 것은 꼭 동성일 필요는 없다. 성을 고집한다면 관계망은 반쪽짜리가 될 수 있으며, 좋은 관계를 맺을 기회도 반으로 줄어들 것이다. 이성과의 관계가 꼭 연애 관계를 의미하지는 않는다. 남자와 여자가 친구가 될 수 있는가? 오랜 물음이다. 난 친구가 될 수 있다고 생각한다. 왜냐면 친구란 관계 형성에서 아주 큰 범위를 가지는 것이며, 연애 의미에 친구란 개념을 국한할 필요도, 국한해서도 안 된다고 생각하기 때문이다. 그리고 주변에 이성이 좋은 친구가 되는 예는 수도 없이 많다.

초등학교 때 친구란 개념은 같은 또래 남자아이에 국한되었다. 그런데 그 당시 외국 영화를 보면 나이가 많은 어른과 아이가 친구가 되기도 하고 남자와 여자가 친구가 되는 장면을 보면서, 친구란 개념에 혼란이 일었다. 그리고 성별과 나이를 떠나 친구 관계가 형성될 수 있다는 것을 깨달았고, 친구를 사귀는 범위는 성장과 함께 확대되었다. 그리고 지금은 모든 사람이 내 친구가 될 수 있다고 생각한다.

온라인의 관계가 오프라인의 관계로 발전되는 경우도 종종 있다. SNS가 연결고리가 되어 좋은 관계로 발전한 것이다. 페이스북을 통해 A를 알게 되었는데, 글도 잘 쓰고 시간 활용을 아주 잘하는 사람이었다. 그리고 인생을 굉장히 열정을 가지고 살아가고 있으며, 아직도 순수함을 잃지 않고 있었다. 그런 A와 관계를 맺고 싶었고, 그에게서 열정을 배우고 싶었다. 그리고 관계 맺기를 시도하였다. 우선 페이스북에 올린 그의 게시물에 '좋아요'를 눌렀고, 정성껏 답글을 남기며 나에 대해 좋은 인상을 심어주기 위해 노력했다. 또한 그는 어떤 단체의 장이었는데, 그 단체가 하는 행사에 시간이 허락하는 한 참여를 하였고 자연스레 인사를 나누었다. 그러면서 관계를 맺었고 지금까지 좋은 관계를 유지하고 있다.

이렇게 좋은 관계를 맺기 위해서는 적극적인 자세가 필요하다. 페이스북을 통해 내 생활이 어느 정도 오픈이 되어있고, 내가 관계 맺기를 원하는 사람의 삶도 어느 정도 파악이 되었기에 서로를 탐색하는 시간을 줄일 수 있다. 또한, 페이스북의 수많은 사람 중에 관계를 맺고 싶어 할 정도라면 그 사람에 대한 정보가 어느 정도 나에게 축적된 상태다. 그럴 때는 먼저 다가서는 것이 필요하다. 누구나 좋은 사람과 관계를 맺기 바라기에 먼저 다가간다는 것이 흉이 되지 않고, 오히려 새로운 관계를 만드는 기회가 되기 때문에 상대방도 그것을 반길 수도 있다. 물론 아닐 수도 있지만, 시도는 좋은 관계망 형성을 위해 할 가치는 있는 것이다. 그럴 때는 자연스러운 것이 좋다. 준비가 되어있지 않은 상대에게 너무 적극적으로 다가가면 상대는 오히려 부담을 느낄 수 있다. 부담은 관계의 독약이다. 그리고 상대가 이성이라면 더욱 조심해야 한다. 우리나라의 사회 통념은 아직 남과 여의 새로운 관계 형성에 대해 편견이 심하기 때문이다. 그런 편견이 사회적 문화라면 자기 생각과는 다르더라도 존중해야 한다. 그래야 불필요한 오해를 줄일 수 있다.

이제껏 나의 관계는 우연에 의존하는 경우가 많았다. 물론 지금 관계도 내 인생에 충분히 큰 의미를 지닌다. 의도를 갖고 만남을 이루려고 시도한

지는 얼마 되지 않는다. 하지만 난 의도적으로 많은 좋은 사람을 만나 좋은 관계를 맺었다. 그리고 앞으로도 계속 시도할 것이다. 나의 경우 내가 가진 것을 토대로 의도적인 관계 맺기를 시도한다. 필요로 하는 사람에게 먼저 내가 가진 것을 베풀며 관계 맺기를 시도하는 것이다. 그것이 책 쓰기이다. 어떻게 하면 글을 잘 쓰지 못하는 사람도 책을 낼 수 있게 하는지에 대해 어느 정도 노하우를 가지고 있다. 그리고 책을 내고 싶어 하는 사람도 많다. 책을 내고 싶어 하는 사람은 대단한 생각을 하는 사람이라고 나름 정의한다. 그것은 책이 지닌 가치와 유사하다. 그런 대단한 사람에게 책 쓰는 방법을 가르쳐 주면서 인맥을 형성하고자 하는 것이다. 그런 대단한 사람과의 관계망이 늘어날수록 내 인생의 관계망도 폭넓어질 것이며 더욱 탄탄해질 것이라는 믿음이 있다.

여러분도 한번 시도해보면 어떨까? 그리고 지금 자신이 맺고 있는 관계에 대해 다시 한번 생각하고 정의를 내려 보라. 나의 관계망은 어떤 경쟁력을 가지고 있는가? 내가 상대방에게 좋은 영향력을 미치는 관계인가? 그 사람이 나에게 좋은 영향력을 미치는 관계인가? 자신의 이름이 브랜드가 되는 시대이다. 자신의 이름이 콘텐츠가 되는 시대이다. 그런 시대에 부합하는 인간관계를 형성해야 한다. 그래야 행복하고 가치 있는 삶을 살 수가 있다. 우연히 만났든 의도를 가지고 만났든 지금 형성된 관계를 자신의 브랜드로 만들자. 자를 것은 자르고 발전시킬 것은 발전시키자. 그리고 새로운 명품 관계도 많이 만들어보자.

"나의 인간관계 브랜드는 어떠한가?"

칭찬의 힘

칭찬의 중요성은 아무리 강조해도 지나침이 없다. 그리고 칭찬이 좋은 것이라는 것을 모르는 사람도 없다. 칭찬이란 좋게 봐주며 좋게 말하는 것이다. 그런데 왜 칭찬에 인색할까? 좋게 봐주고 말해주는 것이 그렇게 힘든 것인가? 오히려 칭찬보다는 반대의 말을 하는 경우가 더 많다. 비난, 지적질, 잔소리, 비판, 욕 등이 그것이다. 좋은 관계를 원한다면, 없는 거라도 만들어 칭찬해주어야 한다.

아이들에게 글쓰기 지도를 한 적이 있다. 글쓰기 선생님은 보통 빨간 볼펜을 들고 아이의 글에서 잘못된 점을 찾아 밑줄을 긋고 잘못된 이유를 적는다. 하지만 난 그렇게 하지 않았다. 아이들이 쓴 글에다 무조건 잘했다는 칭찬의 글을 파란 볼펜으로 적어주었다. 그러자 아이들은 글쓰기를 아주 재미있어했다. 글쓰기는 아이들에게 맞춤법을 가르치는 것이 아니라, 생각을 표현하는 법을 가르쳐야 한다는 것이 글쓰기 교육에 대한 나의 생각이었기 때문이다. 아이들이 맞춤법을 틀리는 것은 당연하다. 그런데 틀릴 때마다 빨간 줄을 긋고 잘못을 지적한다면, 그것은 아이들의 동심에 빨간 줄을 그어 글쓰기를 싫어하는 결과로 이어진다. 살아오면서 글쓰기에 대해 거부감을 가진 많은 사람을 보아왔다. 글을 써보길 권하면 초, 중, 고등학교 시절, 10년 넘게 국어를 배웠지만 "에이, 저 글 못 써요."라고 말한다. 그 사람들은 글쓰기만 생각하면 빨간색 선이 생각나 시도조차 하지 못하는 것이다. 지적질하여 마음에 상처를 주는 그런 교육은 하지 않느니만 못하다.

글쓰기는 재미있다는 인식과 잘 할 수 있다는 동기부여가 아이들에게는 더 중요하다. 맞춤법은 글을 쓰다 보면 자연스레 고쳐진다. 아이들을 보고 난 칭찬할 거리를 먼저 찾았다. 서툰 표현이지만 아이들이 글을 쓴다는 자체만으로 소중한 것이기에 그 글에다 아낌없이 칭찬해주었다. 그러자 아이들의 글솜씨는 점점 늘어났고, 글쓰기를 재미있어했으며, 나와도 관계가 아주 좋아졌다. 아이들에게 글쓰기를 가르치며 칭찬의 힘을 발견한 것이다.

그것은 꼭 아이에게만 해당하는 것이 아니라 어른에게도 적용이 된다. 사람은 자신을 좋게 보는 사람을 좋아하기 마련이다. 칭찬은 어려운 것이 아니다. 인간관계를 하다 보면 상대방에게서 좋은 느낌을 받을 때가 있다. 그것을 말해주거나 글로 써주면 된다. 칭찬할 거리가 없다고 생각하면 주의 깊게 찾아보자. 그러면 틀림없이 칭찬할 거리가 생긴다. 명품관계를 만들고 싶다면 칭찬의 명수가 되자.

위로의 힘

아버지가 돌아가셨을 때였다. 평소에 친하게 지냈던 사람들이 조문을 와주었다. 그것이 무척 고마운 일로 다가왔다. 특히 친하게 지내지 않았던 몇몇 사람도 조문을 왔는데, 생각지도 못한 조문에 더욱 감사함을 느꼈다. 그 후 몇몇 사람과는 조문을 계기로 더 친해지기도 했다.

평소에 친하게 지내던 한 사람이 있었다. 그의 장모가 별세했다는 연락을 받았다. 그런데 일이 생겨 부의금도 조문을 가지도 못했다. 그는 섭섭했던지 나와의 관계를 끊어버렸다. 나중에 그 일에 대해 미안하다고 말하려 했으나, 내 전화번호를 차단해버렸다. 이 일이 관계를 끊을 만큼 중요한 일인지 한동안 생각이 떠나지 않았다. 또한, 그가 나에게 섭섭한 만큼 나도 그에게 섭섭했다.

상을 당한다는 것은 그 사람의 인생에 특별한 몇 가지 안 되는 일 중에 하나다. 자신의 특별한 시간에 함께 한 사람. 그 사람이 찾아준 것만으로도 감사할 일이고, 잊히지 않는 일이 된다.

술을 좋아하고 친구를 좋아하는 사람을 흔히 본다. 그런 부류의 한 사람이 있었는데, 술만 취하면 집에 들어와 폭력을 행사한 사람이었다. 그의 아내는 독실한 크리스천이었다. 그런 그를 위해 그의 아내는 많은 기도를 했다. 어느 날 그 사람이 병에 걸려 병원에 입원하게 되었다. 그런데 문병 온 사람은 평소에 함께 술을 마시던 사람이 아니라 아내가 다니는 교회의 교인이었다고 한다. 그 후 그는 술을 끊고 교회에 다닌다고 한다.

전정기관염으로 병원에 입원한 적이 있다. 다른 사람에게 알리지 않아 문병 온 사람이 거의 없었다. 그런데 입원한 병원이 평소 친하게 지내던 P의 아내가 근무하는 병원이라 그에게만 알렸다. P의 아내는 수시로 나를 찾아와 상태를 체크하고 여러 가지로 도움을 주었다. 정말 감사하다는 생각이 들었다. 또한, 아내가 기도를 요청한 교회의 같은 구역 교인들도 문병을 와주었다. 평소에 몰랐던 감사함이 밀려왔다.

나의 큰형님은 목사님이다. 큰형님은 어머니를 전도하기 위해 큰 노력을 했다. 하지만 어머니는 마이동풍이었다. 그런데 지금 어머니는 교회에 다닌다. 80이 넘어서야 교회에 다니기 시작한 것이다. 몇 년 전에 어머니가 교통사고로 병원에 입원한 적이 있었다. 그때 개척교회 목사님이 수시로 먹을 것을 들고 찾아와 기도해주었다. 그것에 감동한 어머니는 퇴원과 동시에 그 교회에 다니게 된 것이다.

누군가를 위로한다면, 위로를 받는 사람에게 큰 힘이 된다. 그것이 관계를 좋게 만드는 위로의 힘이다.

사람은 살아가면서 좋은 일도 생기고 좋지 않은 일도 생긴다. 좋은 일에 축하하고 안 좋은 일에는 위로를 한다. 반면에 축하를 받기도 하고 위로를 받기도 한다. 그것은 인간이 만든 관습 중에 아주 의미가 깊은 것으로 생각한다. 인간관계에 있어 이러한 축하는 기쁨을 배로 만들고, 문병이나 조문은 상대방에게 큰 힘을 준다. 그런 만큼 큰일이 한 번 생기고 나면 찾아와 준 사람과의 관계는 더욱더 튼튼해진다. 반면에 찾아가지 않는다면 좋은 관계가 깨어질 수도 있다. 주변에 큰일이 생기면 평소 느슨해진 관계라면 이를 통해 친밀도를 높이는 기회가 될 수 있으며, 반면에 친한 사람이라면 그 친밀도를 더욱 공고히 할 수 있는 기회가 된다.

이뿐만이 아니라 관계를 맺고 있는 사람이 힘든 일이 생길 때면 가능하면 시간을 내어 찾아가서 위로하는 것이 친밀도를 높여준다. 예전에는 내가 가서 어떤 말을 하여 위로를 할까 고민되는 경우가 많았는데, 언젠가부터는 따로 위로의 말을 하지 않아도 그 사람의 말만 들어주는 것만으로도 힘든 일을 당한 사람에게는 위로가 된다는 것을 알게 되었다. 그 이후로는 찾아가서 그의 말을 진심으로 들어주곤 한다. 그리고

"얼마나 힘들겠어요. 힘을 내세요."

라고 말해준다. 남에게 칭찬과 위로 외에도 축하해주는 것, 감사하는 것들을 생활 속의 일부로 만들어야 한다. 자연스럽게 행해지도록 습관으로 만들어두어야 한다. 이런 습관이 인간관계를 명품관계로 만들어준다.

고맙데이

경상도에서는 "고맙다."는 말을 "고맙데이"로 쓴다. 표준어인 "고맙다"는 어미가 "다"로 끝이 나는 데 반해 방언은 "이"로 끝이 난다. 통상 "이"는 우리말에서는 조사로 사용된다. 조사는 말과 말을 이어주는 징검다리 역할을 한다. 다른 어미에서의 "다"는 몰라도, "고맙다"의 어미는 "고맙데이"가 더 적절할 것이란 생각을 해본다. 왜냐하면 고마운 관계는 조사처럼 다음의 말이 있으며, 관계에서도 지속해서 이어지는 관계를 의미하기 때문이다.

"고맙다"는 말은 너의 호의를 내가 알고 있고 그에 대해 감사하다는 의미가 들어있다. 알아준다는 것은 인정해준다는 것이다. 관계에 있어서 상대방을 고마운 존재로 인정해준다는 것은

"너는 아주 좋은 사람이야."

를 다른 말로 표현하는 것과 같다. 관계 중에 고마운 관계가 많이 있다. 나에게 호의를 베풀거나 힘들 때 도와주었거나, 그냥 옆에 있어 주는 자체로 고마운 사람이 있다. 지나온 세월을 생각하면 고마운 마음이 들 때가 많았다. 고등학교 시절에는 고마운 사람 목록을 적어보기도 했다. 나중에 어른이 되어 성공하면 잊지 않고 보답을 하겠다는 생각과 함께. 하지만 시간이 지나면서 그런 기특한 생각은 어느새 흐지부지 되어버렸고, 나에게 고마움을 느끼게 해준 사람을 잊고 살아가게 되었다.

나이가 들어서인지, 지나간 세월 나에게 도움을 준 사람들이 불현듯 머리를 스치고 지나간다. 지금 어디서 어떻게 살아가는지 모르지만, 지금이라도 예전에 하다가 말았던 고마움의 목록을 다시 작성하고 싶다. 시간이 날 때마다 그 사람을 생각하고 사연을 기록해볼 생각이다. 어쩌면 이것이 쌓이면 책으로 만들어볼 수도 있지 않을까?

"고맙데이."에는 "데이"가 붙는다. 요즈음 "빼빼로 데이", "짜장면 데이", "밸런타인데이" 등 많은 "데이"가 있다. "데이"와 상술이 합쳐져서 만들어졌다는 부정적인 의미도 있지만, 무언가를 기념하는 것은 나름 의미를 지닌다. 나에게 "데이" 하나를 만들라고 한다면 난 "고맙데이"를 만들고 싶다. 나에게 도움을 준 천사 같은 사람을 잊지 않고 작은 선물이라도 한다면 삶이 더 의미 깊어지지 않을까? 받는 사람도 주는 사람도 즐거운 마음이 될 것이다. 날짜는 10월 4일로 하고 싶다. '1004' 나에게 도움을 준 사람은 하나님이 나를 위해 보내신 천사라는 생각이 들기 때문이다.

"고맙데이" 감사하는 마음을 표현하는 이 말은 많이 사용하면 사용할수록 관계가 더 부드러워지고 정이 더욱더 깊어지는 관계가 될 것이다.

이 글을 읽어주어 "고맙데이."

SNS를 통한 유용한 관계 맺기

지금 필자가 활동하고 있는 SNS는 여러 가지가 있다. 먼저 밴드는 40개 정도 있는데, 교회와 동문회, 시 쓰기, 책 쓰기, 친목모임 등이다. 페이스북을 통해 다양한 글을 읽고 글을 쓰기도 한다. 밴드 중에도 자주 찾는 밴드가 있는 반면 가입만 해두고 활동하지 않는 밴드도 있다. 밴드를 통해 친목 도모뿐만 아니라 개인 홍보 및 새로운 관계를 형성하기도 한다. 그리고 매일 찾는 SNS에는 페이스북이 있다. 가입한 지 거의 5년 정도 되며 페친도 2,700여명이나 된다. 밴드를 통해 만난 관계가 오프라인 만남으로 이어진 경우도 제법 된다. 페이스북을 보면 그 사람의 성향이나 좋아하는 것 등을 알 수가 있어, 새로운 관계 형성을 하는 데 유용하다. 페이스북에 주 2~3회 이상 내가 쓴 글이나 사진을 올린다. 그리고 페이스북 친구와 소통한다. 브런치 작가로 활동도 하는데, 뷰 수가 70만을 넘었다. 그리고 여러 카페에 가입하여 활동한다. 하지만 예전보다 카페에 들어가는 횟수가 줄어들었다. 더 편리하고 유용한 것이 많이 생겼기 때문이다. 오마이 뉴스에 시민기자로 활동하기도 한다. 글이 채택되면 원고료를 주는데, 70만 원 가까이 받은 적도 있다. 그리고 블로그도 만들어 활동 중인데 블로그를 통해 개인 홍보도 한다. 그다음에는 카톡을 통해 가까운 지인과도 소통 중이다.

이처럼 SNS를 통해 사회에 참여하며 많은 사람과 온, 오프라인을 통해 소통하고 관계를 맺는다. 나만이 아니라 현대를 살아가는 많은 사람이 소통의 한 방법으로 SNS를 활용하고 있다. 그런 유용한 점이 있는 반면에 부작용도 많다. 댓글로 인해 상처받기도 하고 상처를 주기도 한다. 직접 얼굴을 보면서 대화를 하면 이해할 수 있는 부분도 글로써 하므로 불필요한 오해를 사기도 한다. 극단적인 상황도 발생하는데 댓글로 인해 자살하는 많은 연예인이 그런 경우이다. 잘만 사용하면 그 효용성이 엄청 많은 데 반해 잘못 사용하면 자신을 해치는 결과까지 초래하게 되는 것이다.

그렇기에 SNS에 글을 올릴 때도 신중해야 한다. 자신을 홍보하는 것도 좋지만 요령껏 해야 한다. 지나치면 오히려 역효과를 가지게 된다. 그런 경우를 나도 당해보았고, 다른 사람이 내게 행하는 것을 경험한 적도 있다. 내가 다른 사람에게 부정적인 느낌을 준 경우는 책 홍보이다. 작가는 책을 낸 후는 작가이자 자신의 책을 홍보하는 영업사원이어야 한다고 생각한다. 왜냐하면 다른 사람이 읽어줄 때 책의 가치가 있는 것이며, 다른 사람은 제품, 가게를 홍보하듯이 작가에겐 자신이 낸 책이 제품이며 가게이기 때문이다. 책을 연속으로 계속 내다보니 본의 아니게 상대방을 귀찮게 하는 경우가 발생한 적이 있다. 또한, 내가 귀찮은 느낌을 받은 경우는 아주 많다. 오프라인에서 알고 지내던 지인이었는데, 카카오톡을 통해 계

47

속 홍보 문구를 보내어 차단한 경우도 있다.

SNS로 관계를 맺을 때는 신중해야 한다. 글을 쓸 때도 읽는 사람의 반응까지 예상하며 써야 한다. 내가 쓴 글에 대해 기분을 상하게 하는 댓글을 단 지인과 결별한 경우도 있다. 그것은 SNS의 부작용이다. 내 글을 올리는 것도 신중해야 하지만 댓글 다는 것은 더욱 신중해야 한다. 본의 아니게 상처를 주고받을 수 있기 때문이다.

나의 경우 SNS를 통해 좋은 관계를 형성한 경우도 많다. 계속 온라인에서 소통하다 서로 의기투합이 되어 오프라인에서 만나 좋은 관계를 형성한 사람이 한둘이 아니다. 오프라인에서 사람을 사귀는 것은 공간적 한계가 있다. 하지만 SNS는 그런 한계를 극복하게 해주었다. 그리고 평소에 올리는 글을 보면 그 사람의 성향에 대해 알 수가 있다. 다시 말하면 나와 맞는 사람인가를 분석할 수 있다는 것이다. 오프라인에서 그 사람의 성향을 알려고 한다면 많이 만나야 하지만 온라인은 그런 과정을 평소 올린 게시물을 통해 어느 정도 판단할 수 있게 된다.

SNS는 관계 맺기에 아주 유용하다. 자신과 맞는 사람을 통해 교류를 이어간다면, 훨씬 인생을 가치 있게 살 수가 있다. 인생이란 만남의 다른 이름이기 때문이다. 오프라인에서는 평소 만나기 힘든 내가 관심이 있는 분야의 전문가를 만나는 것을 가능하게 한다. 그를 통해 내가 관심 있는 것에 대해 많은 부분을 배울 수도 있다. 명품 인생을 위한 좋은 관계 맺기는 우연히 만나지는 사람 중에서 선택하는 것보다는, 많은 사람 중에 좋은 사람을 찾아서 관계 맺기를 시도하는 것이 더 유용하다. SNS는 자신과 맞는 좋은 사람을 찾는 데에 있어, 오프라인의 우연한 만남에서 좋은 사람을 찾는 것보다는 훨씬 더 선택의 폭을 넓혀준다.

타이밍을 놓치지 마라

관계를 맺은 사람에게 호의를 베푸는 것으로 관계는 더 좋게 지속이 되거나 새로운 개념의 관계 형성을 할 수 있다. 하지만 그 사람에게 호의를 베푸는 것에 타이밍을 놓쳐버리면 나중에 호의를 베풀더라도 효과는 줄어든다. 작가이기 때문에 새로 책을 낸 사람의 서평을 써달라는 부탁을 한 번씩 받곤 한다. 서평을 쓰려면 책을 읽어야 하는데 바쁜 일이 겹치다 보면 그만 시간을 놓쳐버려 한참 후에나 서평을 쓰곤 하는데, 그때도 물론 안 하는 것보다는 하는 것이 낫지만 그 효과는 반으로 줄어드는 것이다. 결혼식이나 장례식은 물론 가까운 이의 생일 등의 기념일을 챙기는 것은 그날이 아니면 그 효과는 적재적소에 하는 행동보다는 훨씬 줄어들게 된다. 호의를 베풀 때는 타이밍이 중요하다. 어차피 하는 경우라면 타이밍을 놓치지 말자.

관심의 유통기한, 관심은 크기가 아니라 빈도다

사람과의 관계는 관심에서 출발한다고 했다. 또한, 관계는 눈에 보이지 않는 줄로 연결되어 있다. 그 줄은 썩기가 쉽다. 하지만 세월이 지나도 썩지 않게 하는 방법은 단 하나다. 그것은 바로 관심이다. 좋은 관계 맺기를 원하거나 유지하기를 원한다면 관심을 보여주자. 특히 가족이나 연인일수록 관심을 표현하는데 게으르면 안 된다. 관심은 곧 마음의 증거가 되기 때문이다. 관심은 정신의 음식이다. 어쩌면 관계는 관심을 먹고 산다고 할수 있다. 그렇기에 음식에 유통기한이 있듯이 관심에도 유통기한이 있다. 한번 배 불리 많은 음식을 먹었다고 항상 배가 부른 상태로 유지되지 않는다. 그처럼 인간관계도 마찬가지이다. 좋은 관계는 서로에 대한 꾸준한 관심이 있는 관계다. 그렇기에 인간관계에서의 관심은 크기가 아니라 빈도다. 관심의 유통기한을 넘기지 말자.

형편에 맞게 그리고 먼저 베풀자

살아가면서 종종 금전적으로 배려를 받은 적이 있다. 김00 시인과 여행을 간 적이 있는데, 모든 경비를 자신이 부담했다. 또한 E5의 모임에서 조00의 고향인 구미에 놀러 간 적이 있는데 그곳에서도 조00이 모든 경비를 부담했다. 김00이나 조00의 호의를 받은 지 몇 년이나 지났지만 잊을 수가 없다. 형편이 되지 않는데도 이런 호의를 베푼다면 그것은 받아들이는 입장에서 부담이 될 수밖에 없다. 하지만 형편이 되는 경우라면 금전적으로 호의를 베푸는 것은 대접을 받았다는 강한 인상을 남기게 된다. 좋은 관계를 돈으로 환산하자는 의미가 아니다. 하지만 아깝지 않고 형편에 맞는 상황이라면 기꺼이 경비를 대자. 이때 주의해야 할 점은 상대방이 부담되지 않는 범위여야 한다. 나와 카풀을 하는 후배가 있다. 그는 나에게 공짜로 차를 타는 것에 부담을 느껴 계속 기름값을 내겠다고 했다. 하지만 난 받고 싶지 않았다. 후배가 같이 가지 않아도 어차피 출근하는 것이었기에. 그렇지만 후배가 부담을 느끼는 상황을 만드는 것 같아 딱 한 번만 기름값을 받았다. 호의를 베풀 때도 상황에 따른 지혜가 필요하다.

"GIVE & TAKE"라는 말을 쓰곤 한다. 인간관계는 주고받는 것이 기본이라는 말이다. 어느 정도 일리가 있기도 하지만, 모든 관계에 이 말이 진리일 수는 없다. 좋은 관계를 맺는 것은 받기를 바라지 않고 주는 것에서 시작한다. 상대방이 그것을 알아준다면 좋겠지만, 몰라주어도 괜찮다는 생각을 가지고 호의를 베풀어야 한다. 그러다 보면 좋은 관계를 맺을 가능성이 커진다. 몰라주는 사람은 자연스럽게 자신의 주위에 남아있지 않게 된다. 먼저 호의를 베풀자. 그러면 좋은 관계를 많이 만들 수 있다. 호의는 꼭 돈으로만 베푸는 것이 아니다. 자신은 많이 가지고 있지만 다른 사람은 가지지 못해 필요로 하는 것을 주는 것이 호의이다. 대가를 바라지 않고 그냥 주는 것이다. 또한, 자신이 다른 사람에게서 호의를 받았다면 그것을 절대 잊지 말아야 한다. 사람은 호의를 알아주는 사람과 관계를 맺고 싶어 한다. 그리고 호의를 알아준다는 것은 자신을 인정해주는 것으로 인식한다. 모든 관계에서 인정해준다는 것은 가장 기본적인 것이다.

난 글을 쓰는 사람이다. 그리고 많은 사람이 글을 쓰고 싶어 한다. 하지만 글쓰기는 어렵다는 생각의 벽에 막혀 시도조차 하지 못하는 경우가 많다. 난 글을 쓰는 재능을 그런 사람에게 베풀고 싶다. 돈이 많지 않아 돈은 줄 수 없을지라도 글을 쓰는 방법을 가르쳐줄 수는 있다. 그것이 내가 가진 것이고, 글쓰기를 배우고 싶어 하는 사람에게 아낌없이 베풀어주고 싶다. 그렇게 된다면 좋은 인관관계는 자연스럽게 형성될 것이다. 글쓰기가 어느 정도 되는 단계에 이른다면 그다음 단계로 책을 내는 것을 지도할 것이다. 그렇게 해서 베스트셀러 작가가 탄생한다면 얼마나 가치 있는 일이 될 것인가? 내가 가진 재능으로 좋은 관계를 맺을 수 있다면 굉장히 멋진 인생이 되지 않겠는가? "GIVE & TAKE" 먼저 주자, 그러면 받게 될 것이다. 받는 것은 그 사람에게 보상으로 받는 것을 의미하는 것이 아닌 먼저 나에게서 스스로 만족감을 보상으로 받는 것이다. 물론 그 사람에게 보상을 받을 수도 있다. 아니면 그것이 계기가 되어 전혀 다른 제 3자로부터 보상을 받기도 한다.

대화할 때 행간을 읽어라

행간이란 시의 행과 행 사이를 말한다. 시는 은유적인 표현을 많이 하기에 행간을 읽는다는 것은 시어보다는 그 시어가 품은 숨은 뜻을 읽는다는 것을 말한다. 인간관계에서도 간혹 이런 일을 겪게 된다. 대화를 하다 보면 속뜻은 숨기며 간접적으로 표현하는 경우가 있다. 예를 들면 인사치레로 하는 말이 그것이다. 그때는 그 말이 진심인지 단순한 인사치레인지를 읽어야 하는 것이다. 이때는 상식에 준해서 판단하는 것이 좋으며, 상대방의 입장에서 생각해보는 것이 속뜻을 이해할 수 있는 방법이다.

모든 관계는 일단 긍정에서 시작하자

좋은 인간관계를 맺으려면 먼저 자신이 좋은 사람이 되어야 한다고 했다. 상대방에게 자신이 좋은 사람이라는 인식을 심어주어야 한다. 좋은 사람이라는 것은 긍정적인 생각을 하는 사람의 다른 말이다. 부정적인 사람은 절대 좋은 인간관계를 맺을 수 없다. 우선 부정적인 생각이 상대에게 부담을 주기 때문이다. 사람은 만나면 즐겁고 자신에게 도움이 되는 사람과 관계 맺기를 원한다. 그런데 만날 때마다 인상을 찡그리고 매사에 부정적이며, 말만 하면 신세한탄조이거나 남을 비방하는 사람과는 만남 자체를 피한다. 그렇기에 좋은 관계를 맺으려면 자신이 좋은 사람이 되어야 한다. 좋은 사람의 특징은 긍정적이고 자신감이 있으며, 만나면 즐거운 사람이다. 긍정적인 사람은 자기 관리가 되는 사람이다. 기분이 좋지 않을 때 사람을 만나면 그 기분이 상대방에게 그대로 전파되어 부정적인 인상을 심어줄 수 있다. 긍정적인 사람이 되기 위해서는 감정의 출렁거림이 생기지 않도록 감정관리를 잘해야 한다.

그리고 절대 긍정을 하는 습관을 길러야 한다. 어떤 일에도 일단은 긍정적으로 생각하고, 부정적인 생각은 머리카락 하나만큼이라도 하지 말자는 생각을 하자. 물론 부정적인 상황이 발생하지 않을 수는 없다. 하지만 사고의 출발을 긍정에서 하는 것과 부정에서 하는 것과는 과정과 결과에서 엄청난 차이가 난다. 모든 상황이 그러하지만, 관계에서는 특히 그렇다.

좋은 관계를 가진 사람을 만나자

관계란 직접적인 관계도 있지만, 간접적으로 영향을 미치는 관계도 있다. 내가 누군가와 친하게 지내는 이유만으로도 다른 사람이 나를 좋아하기도 하고 배척하기도 하는 것이다. 유유상종이라는 것이 인간관계의 중요한 특징의 하나이기 때문이다.

처음 만나는 사람과 대화를 할 때 우리는 흔히

"누구누구 알아요?"

라는 질문을 하곤 한다. 그 사람을 안다고 하면 그 사람의 이야기를 하면서 대화의 물꼬를 자연스럽게 틀 수 있게 되는 것이다. 그 사람이 좋은 사람이라면 그 사람을 알고 있다는 이유만으로 좋은 감정을 갖게 된다. 반면에 그 사람이 좋지 않은 사람이라면 그 사람을 알고 있다는 이유만으로 상대방은 나에게 편견을 가질 수 있다. 그렇기에 주위에 좋은 관계를 맺은 사람을 만나 관계를 맺는 것이 좋다.

　회사를 그만두고 작은 중소기업에 들어간 적이 있었다. 어느 정도 업무가 익숙해질 즈음, 그 회사 사장과 이야기 중에 A라는 사람에 관해 물었다. 그 사람은 내가 알고 있는 사람이었다. 그 사람을 안다고 하자 사장은 인상이 바뀌며 나에게 물었다.

　"그 사람을 어떻게 알아요?"

　"예전 회사에서 함께 일하며 친하게 지냈던 사람입니다."

　"그래요!"

　그 일이 있고 난 이후, 나에게 호의적이었던 사장은 나를 볼 때마다 인상을 썼다. 왜 그런지 몰라 궁금해 하던 중 다른 직원으로부터 이야기를 듣고 그 이유를 알게 되었다. 나보다 앞서 A가 이 회사에 경력사원으로 들어와 다니다 그만두었다는데, 끝이 좋지 않았다는 것이다. A라는 사람으로 인해 사장은 나에게 안 좋은 편견을 가지게 된 것이다. 나에 대한 편견을 가진 사장 밑에서 일하기란 쉽지 않았고 결국 나 또한 그 회사를 나오게 되었다. 이렇게 누구를 아느냐 하는 것에 따라 좋은 일도 생기고 안 좋은 일도 생기게 된다. 그렇기에 평소 사람을 사귈 때 주위 사람과 관계가 좋은 사람을 사귀어야 한다.

　좋은 관계를 많이 가진 사람을 우리는 발이 넓은 사람 혹은 인맥이 좋은 사람으로 칭하기도 한다. 둘러보면 우리 주변에 그런 사람들이 종종 있다. 그런 사람과 좋은 관계를 맺어놓으면 필요할 때 도움을 얻을 수도 있고, 자신의 인맥을 넓힐 기회가 되기도 한다. 남자들은 친구란 말을 중요시한다. 생판 모르는 사람과 만날 때 그 사람이 자신의 친구와 친구라는 사실을 알게 되면, 일단은 그 사람에 대해 모르는 사람에 대해 가지게 되는 벽이 어느 정도 사라진다. 왜냐하면 자신의 친구는 일차적으로 자신에게 검증이 된 상태이며, 검증된 친구의 친구라면 일단은 믿음이 가는 것이다. 그렇기에 좋은 관계를 많이 가진 사람을 친구로 둔다면 사람을 만나는 데 여러 가지로 도움이 되는 것이다. 밥은 그런 좋은 관계를 많이 가진 사람에게 사야 한다. 그 사람에게서 주변 좋은 사람을 소개받을 수도 있으며, 아쉬울 때 도움을 받을 수 있는 사람을 소개받을 수도 있다. 그렇기에 명품관계를 많이 가지려면 좋은 인간관계를 많이 가지고 있는 사람과 관계 맺기를 추천한다.

좋은 추억을 많이 만들어라

　사람은 추억을 먹고 산다고 말하곤 한다. 함께 한 좋은 추억이 있는 관계라면 좋은 관계임이 틀림없다. 현재 주변에 가까이 있지 않다고 하더라도 함께 한 추억이 있는 사람은 소중하게 가슴에 남는다. 먼저 세상을 떠났거나 이민을 가거나 멀리 떨어져 있어 자주 만나지 못한다고 하더라도 좋은 관계는 가슴에 남아있다. 그것은 가슴에 살아있음을 의미한다. 기억한다는 것은 가슴 속에 살아있는 그를 불러내는 일이다.

　돌아가신 아버지를 생각하면 항상 아쉬운 마음이 든다. 좋은 추억을 많이 갖지 못했기 때문이다. 하지만 몇몇 추억은 가슴 한쪽에 아릿하게 남아있다. 그렇지만 어머니는 다르다. 좋은 추억도 많이 남아있지만, 아직 살아계시기에 좋은 추억을 남길 기회가 많다. 그래서 항상 다행이라는 생각을 한다.

　아버지는 돌아가셨지만 내 가슴에 기억으로 살아계신 것처럼, 세월이 지나며 관계를 맺거나 끊어진 사람의 기억도 가슴에 남아있다. 어떤 사람을 생각하면 열정이 끓어오르고, 어떤 사람을 생각하면 가슴이 평화롭고, 어떤 사람을 생각하면 아쉬움이 출렁인다. 성공한 삶은 권력을 가지거나 돈을 많이 번 인생만을 의미하지 않는다. 그것도 일반적인 의미에서 성공했다고 말할 수 있다. 하지만 이런 의미의 성공보다 더 큰 성공은 좋은 관계 속에서 행복하게 산 삶이라고 말하고 싶다. 돈이나 권력은 죽으면 끝이다. 하지만 좋은 추억은 그 사람을 기억하는 사람의 가슴 속에 아름다운 추억으로 살아남게 된다.

돈이 없다고 권력을 갖지 못했다고 성공하지 못했다고 말하지 말자. 누구나 많은 돈과 권력을 가질 수는 없는 일이다. 그렇지만 가족과 친구와 주변 사람과 아름다운 추억을 많이 만든, 그리고 앞으로 많이 만들어 가는 일은 누구나 할 수 있는 일이다. 이제껏 그렇지 못했다면 지금이라도 하자. 앞으로도 좋은 사람과 좋은 추억을 만드는 일을 최우선으로 하자. 좋은 추억을 많이 만들자. 그것이 성공한 삶이다.

명품관계에는 명품 추억이 있는 관계이다. 기쁨을 함께한 추억도, 고통을 함께한 추억도 함께했다는 이유만으로 의미가 있다. 추억은 우연히 만들어지기도 하지만 계획을 세워 만들 수도 있다. 함께 공연이나 영화를 보거나, 여행을 함께 가거나, 맛집에서 맛있는 음식을 함께 먹는 것은 모두 계획을 세워 추억으로 만들 수 있는 것들이다. 명품관계를 위해서는 그런 좋은 추억을 많이 만들어 기억 속에 저축해두어야 한다. 인간은 추억을 먹고 산다고 했다. 좋은 추억이 그만큼 인생을 행복하고 가치 있게 만들어주는 것이다. 명품관계는 그런 아름다운 추억이 많은 관계이다. 열심히 돈을 벌자. 그리고 그 돈을 추억으로 만드는데 투자하자. 주식에 투자하는 것보다, 부동산에 투자하는 것보다 추억에 투자하는 것이 훨씬 더 가치 있는 투자이다.

대화를 가장 잘 하는 방법은 들어주는 것

글을 쓰는 기능은 여러 가지가 있다. 그중에 하나가 자기 생각을 깊이 있게 하면서 정리하는 기능이다. 난 복잡한 일이 있으면 글로 써본다. 그러면 생각 정리가 되고 다음 단계로 무엇을 할 것인가를 찾을 수가 있다. 아내는 말하기를 좋아한다. 복잡한 문제나 해결해야 할 일이 있으면 시시콜콜 나에게 이야기한다. 난 그저 아내의 이야기를 들어준다. 컴퓨터의 하얀 여백이 내 글을 받아주는 것처럼. 이야기하면서 아내는 내 얼굴에서 스스로 자신의 문제의 해결책을 찾아내는 것 같다. 난 단지 아내의 이야기를 들어주었을 뿐인데, 아내는 나에게 고맙다고 말하곤 한다. 그리고 아내는 우리를 대화가 많은 부부라고, 소통되는 부부라고 다른 사람에게 말하곤 한다. 내가 들어준 것을 아내는 대화했다고 인식하는 것이다.

이러한 것은 부부에게만 국한되지 않는다. 모든 관계에서도 적용이 된다. 어떤 사람이 자신의 복잡한 문제에 대해 말을 하려고 하면 듣는 사람은 부담을 느낄 수도 있다. 그 말을 듣고 그 문제에 대한 답을 해주어야 한다는 강박관념 때문이다. 하지만 그럴 필요가 없다. 굳이 해결책을 제시할 필요가 없는 것이다. 문제를 가진 사람은 말을 하면서 스스로 해결책을 찾기 때문이다. 그렇기 때문에 단지 들어만 주면 된다.

사람은 자신의 말에 관심을 가지고 들어주는 사람을 좋아한다. 대화하는 중에는 자신이 말하기보다는 듣는 시간을 많게 하자. 들어주는 것만으로도 많은 것을 배우게 된다. 특히 상대방이 가진 직업이나 좋아하는 것에 대한 이야기를 들어주면, 상대방은 대화 상대자에게 아주 친밀감을 느끼게 된다. 그럴 때는 신나게 이야기를 할 수 있게 해주자. 그러면 듣는 사람도 신이 난다. 상대방의 말에 관심을 가지면 자신이 알고 싶은 부분이 생기며, 적재적소에 질문을 하고 답변을 듣는다면 그 대화는 좋은 대화가 될 수 있다. 인생은 관계를 맺는다는 것을 의미한다고 했다. 좋은 관계를 맺을 수 있는 아주 좋은 방법이 대화이다. 그리고 들어주는 것이다. 말을 많이 하면 실수도 하게 된다. 입은 실수를 하지만 귀는 실수하지 않는다.

전에 만난 사람 중, 대화를 나누면서 수첩에 기록하는 사람을 본 적이 있다. 그는 대화하는 중에 나의 말을 적었다. 그 모습이 인상적이었고 내 말을 기록할 만큼 관심을 두는 것 같아 말하는 것이 신이 났고, 그 사람이 대단해 보였다. 말이 어느 정도 끝날 무렵 물었다.

"OO 사장님은 대화를 하면서 메모를 하네요?"

라고 하자.

"저는 기억력이 좋지 않아, 좋은 말씀을 잊을까 싶어 적어요. 적자생존이라는 말이 있잖아요? 적는 사람이 살아남는다."

라고 했다. 그 모습은 아주 인상적이었다. 듣는 정도를 넘어 기록하기까지 하며 내 말에 관심을 가지는 그에게 큰 호감이 갔다.

다른 사람이 자신에게 관심을 두면 그 사람에 대한 자존감이 생긴다. 다른 말로 하면 관심을 가지고 들어주면 이야기하는 사람은 자존감이 강해진다고 할 수 있다. 그리고 자존감이 강해지는 만큼 이야기를 들어준 사람에게 좋은 인상을 받게 된다.

이것이 바로 "들어주기의 힘"이다.

그냥 옆에 있어 주는 것만으로도 위안이 된다

P를 만난 것은 2004년이었다. 회사를 그만두고 차린 논술학원이 생각대로 잘 안 되었다. 그래서 투잡을 하기로 하고 구인광고를 보던 중 건축자재 회사에서 영업 사원을 모집하는 것을 보았다. 회사에서 13년 영업을 했기에 어느 정도 영업에는 자신이 있었고, 채용되었다. 그곳에서 P를 만났다. 그는 당시 상무 직급이었고 영업 부서장이었다. 그곳에서 그가 보여준 추진력 있는 모습에 호감이 가 그를 따랐다. 건축자재 회사가 부도가 났고, 그와 나, 그리고 그곳에 있는 몇 명의 직원이 의기투합하여 회사를 차렸다. 중국에서 타정 못(파레뜨나 수출 포장을 할 때 자동 건에 들어가는 두루마기 형태의 못)과 합판을 수입하여 팔았다. 처음에는 수익성이 좋았다. 중국에서 오랫동안 머물다 온 P의 경험으로 가격이 싸고 품질 좋은 타정못과 합판을 수입할 수 있었기 때문이다. 거래처는 거의 200군데 가까이 늘어났고, 영남 지역의 타정못 시장은 거의 석권하다시피 했다. 후발

주자로 단시간 내에 성공을 거둔 것이다. 그런데 시간이 갈수록 앞으로는 남고 뒤로는 밑지는 상황이 발생했다. 필요 없는 비용이 너무 많이 지출되었다. 신생 법인이었고 자금력이 뒤따라주지 않는 상황에서는 경비를 최소화해야 하는데, P는 그런 개념이 없었다.

중국에서 현금으로 제품을 사 와서 거래처에는 어음을 받고 판매를 했기에 거래처가 늘어나면 늘어날수록 자금 압박을 받았다. 그래서 경비 분석을 했고 아낄 수 있는 명세를 적어 P에게 설명했다. 하지만 P는 내 제안을 단숨에 거절했다. 결국 자금에 발목이 잡혀 그 사업은 접어야 했다. 그는 말을 아주 잘했다. 없는 사실도 만들어 다른 사람을 유혹했다. 그의 말을 듣고 투자를 한 사람은 피해를 보기도 했다. 그런 경우를 보면서 이것이 사기인가? 하는 생각이 들기도 했다. 하지만 사기와는 질이 다르다고 생각했다. 그의 말을 듣고 있으면 현실적이지 않은 일도 사실처럼 느껴졌다.

사업을 접고 난 후 그는 돈이 없어 무척 힘든 생활을 했다. 그때마다 술도 사주고 위로를 해주었다. 그에게 자금을 융통해주고도 싶었으나, 같이 망한 처지에서 돈을 투자할 처지도 아니었다. 그런 세월이 거의 10년 넘게 이어졌다.

그러다 나에게 힘든 상황이 생겼다. 인테리어 사업에 실패하고 다른 일을 하려고 시도를 했으나 잘 안 되었다. 그러던 어느 날이었다. 좌절 속에 술을 마셨는데, 너무 힘들어 누구에게라도 하소연하고 싶었다. 그래서 그에게 전화했다.

"사장님, 제가 지금 너무 힘들어서 그러니 술 한잔해요."

"윤, 다음에 이야기하자."

하며 전화를 끊어버렸다. 전화를 끊고 나서 든 생각은 '정말 절실히 필요할 때 이 사람은 내 옆에 있어 주지 않는 사람이구나.' 하는 생각이 들었다. 사람이 살다 보면 힘들 때가 있고, 위로받고 싶을 때가 있다. 그때 찾는 사람은 정말 자신에게 소중한 사람이라고 생각하여 찾는다. 그때 난 그를 나에게 소중한 사람이라고 생각했고, 그가 어떤 사람이든 마지막까지 함께 갈 친구라고 생각했다. 하지만 내가 절실히 필요할 때 그는 나를 외면했다. 그래서 문자를 보냈다.

"정말 지금 절실할 때인데, 사장님은 나를 만나주지 않네요. 사장님은 더 이상 저의 친구가 아닙니다."

그리고는 그의 전화번호를 삭제했다. 난 그에게 해결책을 들으려 한 것이 아니라 힘들 때 그냥 옆에 있어 주기만을 바란 것이다.

또, 한 사람 K가 있다. 그는 나보다 열여덟 살이 적은 남자다. 인테리어를 할 때 사람이 필요해 인력 사무실에 사람을 불렀는데 그가 왔다. 몸무게가 100kg이 넘을 정도로 체격이 좋았다. 그 당시 일당은 용역 사무실에 8만 원을 주면, 사무실에서 소개비로 1만 원을 제하고 7만 원을 인부에게 주었다. 난 그가 일하는 것이 마음에 들어 다음에는 용역 사무실을 거치지 않고 바로 그를 불러 일을 시키고는 십만 원을 주었다. 그 당시 술을 좋아했던 나는 일을 마치면 항상 그에게 삼겹살에 소주를 사주곤 했다.

P가 나와 주지 않아 K에게 전화했다.

"지금 안 바쁘면 나와 술 한잔하자."

그는 두말 하지 않고 바로 나 있는 곳으로 왔다. 그리고는 그와 함께 술을 마시며 이야기를 했다. 단지 그가 내 앞에 앉아있다는 이유만으로 힘을 얻게 되었다. 그리고 그다음 날부터 난 술을 끊었고 지금까지 술을 마시지 않는다. 그것이 벌써 5년이 넘었다. 그 전에 난 알코올 중독에 걸릴 정도로 술을 좋아했다. 그를 부르는 날은 정말 심신이 지쳐있는 상태였다. 내 인생 바닥까지 간 상황이었다. 그와 술을 마시고 난 후 다시 시작하기로 하고 술을 끊은 것이다.

약속이 없는 상황에서 갑자기 부른다고 모두 나갈 수 없다는 것을 알고 있다. 하지만 소중한 사람에게 위로받고 싶은 절실한 마음에서 전화하는 것을 거절할 정도라면, 그 사람은 더 이상 그 사람에게 소중한 존재가 아니다. 최소한 소중한 사람이라고 생각한다면, 특별한 일이 없는 한은 만나주는 게 맞다는 생각이다. 힘들 때 이야기를 들어주는 것만으로도, 그냥 함께 옆에 있어 주는 것만으로도 위로가 된다. 그 이후 K는 한 달에 한 번쯤 나에게 전화가 온다. 그는 술을 좋아하지만 난 술을 끊어 마시지 않는 상황이다. 하지만 그에게 전화가 오면 특별한 일이 없는 한 나간다. 그는 술을 마시고 난 마시지 않으면서도 그의 이야기에 귀를 기울여 준다. 그는 배운 것도 없이 막노동하며 외롭게 살아간다. 그가 내가 필요한 것은 어떤 거창한 강의를 듣기 위해서가 아니라, 그냥 앞에 앉아 있어 주는 것만으로도 위안을 얻게 되기 때문이다.

제2장
인간관계에서 생긴 문제에 대처하는 법

굳이 내가 나설 필요는 없다

비가 오면 우산을 쓰면 된다. 추우면 옷을 껴입으면 되고, 더우면 에어 컨 있는 곳으로 가면 된다. 내가 비를 그치게 할 수도, 춥지 않게 할 수도, 덥지 않게 할 수도 없다. 그것은 내가 할 수 있는 일이 아니기 때문이다. 인 간관계에서도 내가 굳이 하지 않아도 될 역할이 있다.

살다 보면 불합리한 상황에 부닥쳐 화가 날 때가 많이 있다. 예전에는 그런 상황에 부닥치면 논리적으로 따지고 다른 사람의 잘못을 지적하고 내가 잘못되지 않음을 피력했다. 상대방도 자신의 논리를 내세우며 말싸 움으로 발전하곤 했다. 그러면 더욱 화가 나 씩씩대곤 했다. 식당에 갔을 때 그곳의 종업원이 불친절하면 화를 내기도 했지만, 이제는 '이러다 이 식당 망하겠네.'라는 생각만 하고 만다. 그런 식당은 으레 몇 달 후에는 간 판이 바뀌는 것을 보았다. 내가 화를 내고 따지면 내 기분만 상할 뿐이다. 인간관계를 맺으며 살다 보면 상대방으로 하여 화가 나는 경우가 많다. 그 것이 소중한 사람이라면 어떤 식으로든 개선하려 노력하겠지만, 그렇지 않은 경우에는 그냥 웃고 만다. 그 식당이나 그 사람을 위해서는 이야기를 해주어야겠지만, 결코 내 의견에 동의해줄 리 만무하고 그 사람들의 기분만 상하게 하는 경우를 많이 겪어보았기 때문이다. 불합리한 사람을 대하게 되면 '저 사람 저렇게 살면 수업료 톡톡히 들겠네.' 생각하고 그냥 넘어간다. 살다 보니 내가 비를 내릴 수 없어도 비는 내리기 마련인 것과 같이 굳이 내가 정죄하지 않아도, 다른 곳에서 더 큰 정죄를 당하는 것을 보곤 했기 때문이다. 피하는 것과 지는 것의 차이를 알게 된 것이다.

글 쓰는 일도 마찬가지다. 글을 오래 쓰다 보니 나름 글쓰기에 대한 자부심이 크다. 간혹 자신이 쓴 글을 보아달라고 하는 초보자를 만나게 되는데, 글쓰기를 오래 한 사람은 그 사람의 글 중에 부족한 점이 보이기 마련이다. 그런데 그 말을 해주면 그 사람은 기분 나빠한다. 그런 경우를 몇 번 당하고는 가능하면 다른 사람의 글에 불편한 이야기는 하지 않으려 한다. 그 사람이 진정 좋지 않은 이야기도 받아들일 수 있는 마음의 자세가 되어 있는지를 먼저 살핀다. 그렇지 않으면 이야기를 해봤자 감정만 상할 뿐 그 사람에게 도움이 되지 않는다. 글에 대한 이야기를 해주지 않는다면, 그 사람은 글이 좋아지는 데에는 많은 시행착오를 겪어야 한다. 시간이 그만큼 많이 들게 되는 것이다.

이처럼 살다 보면 이야기를 해주면 그 사람에게 많은 도움이 될 것 같다고 생각되는 상황과 간혹 부닥치게 되지만, 이야기해야 할지 말아야 할지 당혹스러울 때가 많다. 그렇지만 가능하면 이야기를 하지 않는 쪽을 선택한다. 오히려 기분을 상하게 하여서 하지 않음만 못함을 많이 겪었기 때문이다.

인관관계에서 내가 할 수 있는 것과 할 수 없는 일이 있다. 내가 비를 오게 할 수 없는 것처럼, 내가 비를 피해 근처에 있는 카페로 들어갈 수 있는 것처럼, 그것을 분명하게 아는 것이 현명하게 인관관계를 맺는 길이다.

호구가 되지 않는 법

    글을 쓰다 보니 남에게 글을 써달라는 부탁을 많이 받는다. 그중에 대표적인 것이 자기소개서이다. 그러다 보니 자기소개서 컨설팅하는 것을 업으로 할 정도가 되었다. 그런데 생전 연락을 하지 않던 사람이 자신의 자녀의 대입 자기소개서나 취업 자기소개서 첨삭을 부탁하곤 한다. 아는 사람의 부탁은 거절하기가 힘이 들어 한번은 그냥 들어준다. 컨설팅해주는 것은 나에게도 에너지를 필요로 하는 일이다. 힘들여 첨삭해주면 고맙다는 말도 하지 않은 채 연락을 끊는 경우도 있다. 그러다 또 필요하면 연락을 해와 부탁을 한다. 한번은 해주지만 두 번 또 해주면 그것은 호구라고 아내가 이야기한다. 인간관계에서 자신이 필요할 때만 부탁하는 것은 올바른 관계가 아니다. 호구가 되지 않으려면 맺고 끊는 것이 분명해야 한다. 그리고 거절도 잘해야 한다. 언제까지 그 사람이 해달라는 것 다 해줄 수는 없는 노릇이다. 부탁하는 사람은 한 번이지만 내가 아는 사람은 그 한 사람만이 아니다. 글을 쓰는 것은 내 노력을 결과물이다. 그렇게 많은 시간 들여서 한 노력을 다른 사람은 너무 쉽게 생각하는 것 같다.

어느 추운 겨울날 아침, 그날도 다른 날과 같이 새벽에 일어나 편의점에 가서 1+1 캔 커피를 마시고 있었다. 그런데 동네 할머니 한 분이 추운데 리어카에 폐지를 한 아름 싣고 가는 것을 보았다. 안타까운 생각이 들어 그 할머니를 불러서 하나 남은 캔 커피를 주었다. 그 할머니는 아주 고마워하면서 커피를 마셨다.

그 이후 동네 카페에서 글을 쓰고 있는데, 그 할머니가 들어와 커피를 사달라고 했다. 커피를 사주니 할머니는 아주 친한 듯이 내게 수다를 떨었다. 나는 써야 할 글이 있는데 방해가 되었다. 그래도 참았다. 30분이나 넘게 떠들기에

"미안하지만 제가 지금 할 일이 있어서요."

하면서 눈치를 주었다. 그러자 마지못해 자리에서 일어나 나갔다. 이런 일이 있은 지 며칠 후 그 카페에서 또 글을 쓰고 있는데, 창밖에서 글을 쓰고 있는 나를 보더니, 문을 열고 들어와 이제는 아주 당연하다시피 내 자리 앞에 와서 앉았다. 그리고는 커피를 사달라고 했다. 이거는 아니다 싶은 생각이 들었고, 여기서 내가 커피를 사주면 또 커피를 사달라고 하고서는 글 쓰는 일을 방해하겠다는 생각이 들었다.

"미안합니다. 커피를 사 드릴 돈이 없네요."

하고 쌀쌀맞게 거절했다. 남의 부탁을 거절하지 못하는 것이 내 성격이다. 하지만 반복적으로 남의 부탁만 들어주고 인생을 살 수는 없다. 특히 글쓰기 부탁을 하는 것에 대해서는 부탁하는 사람도 다시 한번 생각을 해

보아야 한다. 전자 제품 가게를 운영하는 사람이 있다면 안다고 그 사람을 찾아가 무료로 냉장고를 달라고 하지는 않을 것이다. 글 쓰는 것은 내 직업이며, 글이 돈이 되지 않아 난 가난하다. 그런 사람에게 무료로 계속 글에 대해 청탁을 하는 것은 냉장고를 무료로 달라는 것과 같다. 요즈음은 글을 써달라고 부탁하는 사람이 있으면 한번은 들어준다. 하지만 부탁을 들어주어도 고맙다는 말 한마디 없이 아무런 연락이 없다가 또 부탁하는 사람에게는 바쁘다는 핑계를 대며 거절을 한다. 필요할 때만 연락하여 부탁하는 사람은 나를 이용하는 사람으로밖에 인식되지 않는 것이다. 호구가 되지 않으려면 거절을 잘해야 한다. 설령 그 사람이 기분 나빠하더라도 필요할 때만 나에게 부탁하는 사람이라면 관계를 단절하는 것이 더 낫다.

그렇기에 평소에 관계를 잘 관리하는 것이 중요하다. 살다 보면 내가 부탁할 때도 있지 않겠는가? 남을 호구로 만들지 말며, 자신 또한 호구가 되지 말아야 한다.

무시를 당했을 때 해야 할 일

믿었던 사람에게 배신을 당하거나 그 사람과 불화가 생겨 관계를 단절하거나 하여 상처를 주고 상처를 입는 경우가 누구에게나 있을 것이다. 당시에는 화가 나겠지만 세월이 흐르고 돌아보면 아쉬운 맘도 생기리라. 후배에게

"넌 살아오면서 가장 상처 받은 일이 언제야?"

하고 물으니 예전의 직장 상사를 꼽았다. 지금 세월이 많이 흘렀는데, 그 일을 돌아보고 아쉬운 점이나 배운 점은 없는지 물었다. 후배는 단호하게 말했다.

"절대 없어요."

"박수는 두 손이 마주쳐야 소리가 난다. 그 사람이 너에게 심하게 했다면 너에게도 어떤 문제가 없었을까? 물론 너의 인성을 믿는다. 하지만 궁금해서 그래. 내 인생을 바꿀 만큼 큰 상처를 준 사람도 돌이켜 생각해보

니 나에게도 부족한 부분이 많았다는 생각이 들어서 물어보는 거야."

후배는 더 이상 말을 하지 않았다. 사람은 누구나 자신의 입장에서 생각하기 마련이다. 그건 나도 마찬가지이다. 하지만 상처를 주고 상처를 받을 당시에는 느끼지 못했던 것을 세월이 지나면 느낄 수가 있는 것이 많다. 그것이 아쉬움이 아닐까?

살면서 제일 마음이 상할 때가 무시를 당할 때이다. 나와 우리 가족이 무시를 당한 때도 있었다. 그 사람은 무시할 의도가 없었는데도 우리는 무시를 당했다고 생각하는 경우도 있다. 그런 경우는 어쩌면 도둑이 제 발 저리다고, 낮은 자존감으로 생긴 감정이 아닐까? 무시를 당한 경험은 쉽사리 잊히지 않는다. 그런데 그런 무시가 사람을 키우는 계기가 되는 아이러니가 발생하기도 한다. 나의 경우 무시를 당했다고 생각하면 속으로 '그래, 내가 잘되어 너 앞에 다시 설 거야.'라는 식의 생각을 한다. 그러고 나서는 마음을 다잡고 새로운 시작을 하기도 한다. 그런 생각을 가지고 실행 중에 어려운 일을 만나면 그때를 생각하며 이겨내기도 한다. 이것은 무시의 긍정적인 반응이며, 무시를 당했다고 화만 내지 말자. 자신을 키우는 기회로 활용하자. '언젠가는 너보다 훨씬 성공한 나를 너에게 보여주고 말테야.' 하는 오기를 가지자.

하지만 무시의 역기능은 아주 심각하다. 무시했다는 이유만으로 사람을 죽이기도 한다. 그만큼 무시는 뇌에 분노의 물질을 분출시키기 때문에 이성을 잃게 만든다. 신문과 방송을 보면 갑질에 대한 폐단이 심심치 않게 기사로 뜬다. 최근 박OO 전 육군 대장의 갑질이 사회적으로 파문을 일으키고 있기도 하다. 공관병을 노예처럼 부리고 학대를 한 것이 정치가로서 새로운 길을 가려는 그의 앞길을 막고 있다. 또한 대한항공 가족의 집단 갑질은 사회의 공분을 사기도 했다. 많이 가진 자는 많이 가진 만큼, 작게 가진 자는 작게 가진 만큼 조금의 권력만 있어도 그것을 휘두르려 한다. 그 방법의 하나가 다른 사람을 무시하는 것이다. 무시하는 마음의 저변에는 겸손한 마음 자세가 없기 때문이며, 다른 사람도 자신과 똑같이 귀중한 존재라고 생각하지 못하기 때문이다. 그런 사람일수록 강자에게는 약하고 약자에게는 강하다.

국민은 모두 평등하다. 그것은 헌법에 나와 있다. 남을 무시할 권리가 나에게 없는 것처럼 남에게 무시당할 이유도 없다. 인간관계에서 갑의 위치에 있는 사람은 을을 무시하는 갑질을 할 것이 아니라 항상 배려해야 한다. 그래야 좋은 관계를 유지할 수 있는 것이다. 그래야 그 사람이 을인 상황에 놓였을 때, 갑인 사람으로부터 존중받을 수 있다. 무시를 당했다는 생각이 들었을 때, 복수보다는 더 잘 되어 무시한 사람 앞에 나타나자. 난 너에게 무시를 당할 만큼 형편없지가 않다는 걸 보여주자. 그것이 복수다.

인간관계에서 가장 큰 적은 부담을 주는 것

관계를 맺을 때 상대방에게 부담을 주게 되면 그 관계는 지속할 수 없거나 진정성 있는 관계가 되기 어렵다. 자신과 관계를 맺은 사람을 대할 때는 내가 부담을 주지 않는지를 항상 살펴야 한다. 짝사랑이 성공하기 어려운 것은 한 사람에 대해 몰래 지속적인 감정을 키워 그것을 고백하게 되면 고백을 받는 사람에게는 부담으로 작용하기 때문이다.

거래 관계에 있어서도 부담되는 조건을 제시하면 그 거래는 성사되기 어렵다. 관계를 맺고 있는 사람 중에 갑자기 자신을 도와 달라고 하면 상대는 부담을 갖게 된다. 물론 도와줄 수 있을 만큼의 끈끈한 관계라면 문제가 되지 않을 수도 있다. 그래도 부담은 부담이다. 한 번쯤은 도와줄 수 있어도 그런 행위가 반복되면 그 관계에 문제가 생길 수 있다.

자신이 상대방에게 부담을 주는 줄 잘 모르는 경우가 많다. 그렇기에 관계를 지속할 때 항상 부담이 되지 않는지를 살펴야 한다. 너무 지나치게 부담이 되지 않을까 생각하는 것이 오히려 관계를 망치게 되지 않을까 우려를 하지만 그런 경우는 드물다. 어떤 모임에서 자신이 계속 있어야 하는 자리인지, 어느 정도 시간을 함께하고 자리를 떠야 하는지를 판단하는 것도 중요하다. 어느 정도 나이가 있는 사람은 젊은 층과 함께 모인 자리라면 어느 정도 시간이 지나면 상황을 보고 자리를 비켜주는 것이 그들에게 부담을 주지 않을 수도 있다.

또한, 특별한 관계가 아닌 이성과 만남은 많은 주의가 필요하다. 또한, 이성에게 전화할 때라면 신중하게 해야 한다. 자칫 불필요한 오해를 살 수도 있어 부담으로 작용할 수도 있기 때문이다.

마음 문 먼저 닫기 게임에서 승자는 없다

명품관계를 맺기도 쉽지 않지만, 지속하기는 더 쉽지 않은 일이다. 모든 인관관계는 똑같이 형성되는 것이 아니기 때문에 관계를 이어가는 데에 있어 많은 변수가 있다. 또한, 내가 그렇듯 상대도 장점이 있고 단점이 있기 때문에 적절히 대응하기란 쉽지가 않다. 말 한마디로 오해가 생겨 서로에게 상처를 주기도 받기도 한다.

명품관계를 유지하기 위해서는 상대방에 대한 신뢰가 바탕이 되어야 한다. 그럴 때만이 상대방이 아쉬운 행동을 하거나 말을 했을 때 이해할 수가 있다. 세상을 살다 보면 정을 준 사람과 단절하는 아픔을 누구나 겪어보았을 것이다. 그 단절의 원인이 도저히 자신이 받아들일 수 없는 것도 있겠지만, 많은 부분 조금만 상대방의 입장에서 생각을 하면 이해될 수 있는 것들이다. 단지 내 기분을 상하게 했다는 이유만으로 좋은 관계가 끝이 난다면 얼마나 아쉬운 일인가? 서로에 대한 신뢰가 형성되어 있다면 대화로써 그것을 풀려고 시도한다. 하지만 기본적인 신뢰가 형성되어 있지 않다면, 그 대화조차 시도하지 않는다.

　이것은 누가 이기고 지는 게임이 아니다. 상대방이 나로 향한 문을 닫기 전에 내가 먼저 닫는 것이 이기는 것이 아니다. 관계가 깨어지는 것은 일방적인 것이 아니라 상대적이다. 교통사고가 나면 내가 전혀 잘못이 없다고 생각했는데, 귀책 비율이 나에게도 적용되는 경우가 있다. 관계에서도 마찬가지다. 물론 일방적으로 잘못한 경우도 있다. 때에 따라서는 도저히 이해할 수 없는 경우도 있다. 그럴 때는 관계를 끊는 게 맞다. 하지만 많은 부분은 그 상황을 상대방 입장에서 생각해보면 이해가 되기도 한다.

　신뢰 관계가 형성된 경우라면 자신의 견해를 설명하려 할 것이다. 그럴 때 충분히 들어주어야 한다. 감정을 앞세우면 지속하는 관계가 없게 된다. 내가 불완전한 존재이기 때문에 상대도 나와 똑같이 실수하거나 잘못 판단할 수 있다는 너그러운 마음을 가져야 한다. 내가 잘못했다면 사과를 하고 상대가 사과해온다면 마음을 열어주자. 가벼운 사안이라면 그냥 넘어가 주는 것도 좋다. 일일이 옳고 그름을 따지는 것은 관계에서 피곤한 일이 된다.

　화해하는 시간은 빠르면 빠를수록 좋다. 단절의 시간이 길어지면 회복하기가 힘이 든다. 좋은 관계를 맺기가 그만큼 힘이 드는데, 그런 관계를 잃어버리게 된다면 서로에게 얼마나 아쉬운 일인가? 중대한 실수가 아니라면 이해해주기 위한 노력도 가치가 있는 것이며, 그것을 계기로 하여 더 좋은 관계를 형성할 수도 있다. 햇볕만 내리쬔다고 해서 결코 곡식이 자라지 않는다. 비와 햇볕이 고루 내려야 풍성한 결실을 보는 것처럼 관계도 태풍이 아니라 적당한 양의 비라면 회복하는 것이 맞다.

　마음의 문을 먼저 닫기 게임을 하는 것은 둘 다 패배이다. 하지만 화해하는 것에는 먼저 시도하는 쪽이 이긴다고 생각하면 마음 편하다.

사람을 소개하는 것은 신중해야 한다

전업 작가는 소수를 제외하고는 경제적으로 넉넉하지 않은 게 현실이다. 그래서 많은 작가는 자신이 쓰고 싶은 글을 쓰기 위해 아르바이트를 하거나 직장을 갖는다. 가장으로서 안정된 수입을 집에 주지 못하니 항상 죄인이 된 기분으로 살아간다. 그래도 베스트셀러의 꿈을 꾸며 글을 쓴다.

언젠가 한 지인이 그런 나를 위해 한 사람을 소개해 주었다. 평소 친분이 있던 S의 소개로 J를 알게 되었다. 그는 건축업자라고 자신을 소개했다. 집을 지어본 경험이 많아서 인테리어업을 새로 시작하는데 함께 하자고 했다. 인테리어는 인자도 모르고 집에 못 하나 제대로 치지 못하는 나였기에 망설여졌다. 그런 나에게 그는

"저는 인테리어에 대해서는 거의 박사라 할 수 있습니다. 모르면 배우면 되지요. 저를 따라다니며 1개월만 하면 다 배우게 될 겁니다. 제가 가르쳐 드릴 테니 함께 하시지요."

달리 할 일이 없던 나였기에 선택의 여지가 없었다.

"알겠습니다. 잘 가르쳐주시기 바랍니다."

그래서 둘은 사무실도 없이 인테리어업을 시작했다. 학원을 할 때 전단지를 붙여 회원을 모집한 경험이 있기에, 인테리어 전단지를 붙이고 다녔다. 그리고 전화가 오면 그와 함께 견적을 내러 다녔다. 그런데 견적만 내면 모두 공사가 성사되는 것이었다. 그는 인테리어를 하려는 사람에게 가서 싸게 견적을 내면서

"저는 자재를 싸게 살 수가 있어 견적을 싸게 낼 수 있습니다."

라는 말을 하며 다른 인테리어 업자의 70% 수준에 견적을 내었다. 가격이 싸니 인테리어 공사가 성사되는 것은 어쩌면 당연했다. 그리고 그는 언변도 아주 좋아 사람을 혹하게 했다.

공사가 시작되고 계약금을 받았다. 그런데 공사 시작한 지 한 5일 정도가 지나자 그는 계약금을 가지고 잠적해버렸다. 의뢰한 주인으로부터 모든 전화는 나에게 왔고 인테리어에 대해서는 전혀 무지했던 나는 속이 탔다. 할 수 없이 평소 알고 지내던 인테리어 업자에게 상황을 설명했고, 그 업자의 도움으로 공사를 마칠 수 있었다. 하지만 그로 인해 큰 손해를 입어야 했다.

또한, 내가 소개를 하여 다른 사람이 피해를 본 경우도 있다. 회사에 다닐 때였다. 그때 사택에 살았는데, 같은 층에 친하게 지내는 회사 직원이 있었다. 그 직원의 여동생에게 우리 부서에 신입사원으로 들어온 C를 소개해 주었다. 그 둘은 결국 결혼까지 하게 되었다. 그런데 C는 직원으로 볼 때는 순박한 시골 청년이었는데, 결혼하고 나서는 술을 좋아하여 가정

을 돌보지 않고 밖으로만 돌았다. 그리고 결혼한 지 얼마 뒤에 사직했다. 자녀를 세 명 두고 그는 교통사고로 유명을 달리했다. 이러한 불행의 발단의 실마리를 내가 제공한 것 같아 두고두고 마음에 걸렸다.

　소개는 잘하면 본전이고 못 하면 뺨이 석 대라는 말이 있다. 그만큼 누군가에게 사람을 소개할 때에는 신중에 신중을 기해야 한다.

대세에 지장 없으면 그냥 넘어가자

인테리어 사업을 할 때였다. 공사라는 것이 진행하는 과정에서 약간의 문제는 항상 발생할 수 있다. 그럴 때, 항상 문제를 제기하여 공사 진행을 어렵게 만드는 사람들이 많았다. 사사건건 문제를 제기하여 공사 자체에 문제가 생기기도 하고, 공사주와 불협화음이 생기기도 했다. 그런데 한 식당 공사하는 과정에서의 여주인의 말이 기억에 남는다.

"대세에 지장이 없으면 그냥 넘어가자."

그리고는 크게 문제가 되지 않는 사소한 문제는 그냥 넘어가 주었다. 인테리어 공사가 일사천리로 진행된 것은 말할 필요도 없다. 그것은 공기 뿐만 아니라 비용을 절감하게 해주었다. 이 말은 공사에만 한정이 되는 것이 아니라 인간관계에도 적용이 되는 말이다. 관계를 맺을 때 시시콜콜 문제를 제기하면 그 관계를 지속하기 어렵다. 특히 가까운 사이일수록 이런 문제가 생긴다. 사랑한다는 이유만으로 간섭한다면 남는 것은 그 사람에 대한 스트레스뿐이다. 사소한 잘못은 그냥 넘어가 주는 것도 필요하다.

충고도 지나치면 지적질이 되어버린다. 지적질이 되면 아무리 좋은 이야기라도 귀에 들어오지 않고 반감만 생긴다. 아들 둘을 키우며 아내와 대조적인 면이 하나 있다면, 아내는 아들이 잘못했을 때 그때그때 지적을 하며 혼을 내었고 바른길이 무엇인지를 설명해주었다. 이것이 어느 정도 효과를 발휘했음을 부정할 수 없다. 그런데 어느 정도 아이들이 성장하자 아내의 방법이 먹히지 않았다. 오히려 잔소리한다고 귀를 틀어막았다. 그것은 아내와 아들의 관계에 벽으로 작용했다. 아내의 말이 아이들에게 먹히지 않자 아내는 나에게 아들에게 한 소리해줄 것을 요구했다. 그래서 한소리를 하곤 했다.

"잘해라."

딱 이 세 마디이다. 그러고는 아내에게 한 소리했다고 말해주곤 했다. 아내는 기가 막혀 했다. 그런데 이 세 마디가 몇 시간 아내가 이야기하는 것보다 더 효과가 있었다. 아이들은 자신이 무엇을 잘못했는지 알고 있다. 그럴 때 혼을 내는 것보다는 지나가는 말투로 한마디 하는 것이 더 효과적일 수 있는 것이다. 아이들이 큰 잘못을 한 것이 아니라면 그냥 눈감아주는 편이다. 대세에 지장이 없으면 그냥 넘어가 준다. 하지만 그냥 넘어가지 못할 것들이 있다. 그럴 때는 따끔하게 이야기한다. 잘못된 부분은 어떤 것이며 그것이 왜 잘못되었는지 전직 논술 선생 버전으로 이야기해주며, 어떻게 고쳐야 하는지에 대해서도 설명한다. 그렇지만 그런 예는 극히 드물다. 잘못할 때마다 지적하고 야단을 친다면, 잔소리에 대한 내성이 생겨 웬만큼 심한 말을 해도 고쳐지지 않는다. 하지만 평소에 그냥 지나치다가 결정적인 순간에 강한 어조로 말을 하면 아이들도 그 말을 듣는다. 그것이 더 효과적이라는 것을 경험을 통해 난 터득했다.

말로 잔소리하기는 쉽다. 하지만 진정으로 사랑한다면 먼저 자신이 모범을 보여야 한다. 내가 술을 좋아한 탓인지 한동안 둘째 아들도 술을 좋아했다. 그런 아들에게 아내는 술 마시지 말라는 이야기를 끊임없이 했다. 하지만 고쳐지지 않았다. 술의 폐해에 대해 누구보다 잘 알고 있던 나는 둘째가 나처럼 술에 취한 인생을 살기를 바라지 않았다. 인생 초기에 술 마시는 습관을 고쳐야겠다고 생각했다. 그래서 둘째와 술을 한잔하며 말했다.

"아빠, 술 좋아하는지 잘 알지. 아빠가 술 마시는 것 네가 싫어했잖아. 그래! 아빠도 술 끊을 테니 너도 술을 끊었으면 좋겠다."

그렇게 말하고 술을 끊었다. 그러자 아들도 술을 거의 마시지 않게 되었다. 물론 내가 술을 끊은 것은 여러 가지 이유가 복합되어 있다. 그만큼 내가 술을 끊은 것은 우리 가정에서의 빅 사건이었다. 잔소리하는 사람도 자신의 잘못된 습관을 고치기 어렵다는 것을 알고 있다. 자신은 잘못된 습관을 고치지 못하면서 남에게 잘못된 습관을 고치라고 요구하는 것은 말이 맞지 않는다. 백 마디의 잔소리를 하는 것보다 시의적절한 행동으로 보여주는 것이 훨씬 더 효과적이다. 내가 술을 끊는 것을 먼저 보여주니 아들도 술을 끊게 된 것이다. 그리고 둘째는 한 번씩 이런 말을 한다.

"내가 아빠 술 끊게 했다."

인간관계에서도 마찬가지이다. 자신에게 큰 실수를 하지 않는 한에는 그냥 이해하고 넘어가 주는 것이 불필요한 불협화음이 생기지 않게 하는 방법이다. 하지만 묵과할 수 없는 상황이 벌어졌을 때는 술을 끊은 나의 행동처럼 먼저 모범을 보이고 이야기를 하거나, 반드시 강한 어조로 이야기를 해야 한다.

우리는 흔히 마음이 바다처럼 넓은 사람이라는 말을 쓴다. 그것은 대세에 지장이 없는 한 그냥 넘어가 주는 사람의 다른 말이다.

겸손하자
은연중에 자랑하지 말자

겸손하자고 다짐하면서도 그것이 잘 안 되는 경우가 많다. 처음 관계를 맺을 때 대놓고 자랑을 하는 것이 아니라 은연중에 자신이 가진 것을 과시하는 경우를 많이 본다. 돈 자랑이라든지, 재능이라든지, 사회적 위치라든지, 자신이 누구와 친하다든지 등 많은 예가 있다. 그런 사람을 대할 때마다 대단하다는 생각보다는 아니꼬운 생각이 들 때가 많다. 그런 감정을 가지면서도 나 또한 그런 경우가 많다는 걸 느꼈다.

회사에 다닐 때 카풀을 했다. 회사에 다니면서도 글을 썼기에 내 차 안에는 시집이 항상 비치되어 있었다. 카풀을 한 직원 중에는 임시직 직원이 한 명 있었는데, 나와는 나이대가 비슷했다. 난 과장 직급이었고, 그 사람은 임시직이었기에 은연중에 그 사람보다 내가 더 높다는 선입관을 가지고 있었다. 그러던 어느 날 차에 있는 시집을 보더니

"과장님, 시가 참 좋습니다."

라는 말을 했다. 그 말을 들었을 때 '시를 알고 하는 소리일까? 그냥 하는 소리겠지.'라고 생각하며

"예, 시가 참 쉽지요. 저는 시를 쓰는 데 어려운 시보다는 쉬운 시가 좋아요."

라고 대답하며

"제가 국문학과를 나와서 시를 좋아합니다. 등단도 했고요."

그러면서 한참을 시에 대해서 아는 체를 했다. 그 말속에는 다른 건 몰라도 시만큼은 내가 너보다 더 낫다는 우월감이 깔려있었다. '임시직이 시에 대해서 알면 얼마나 알까? 그냥 시에 관심이 있는 정도겠지. 하여튼 시를 좋아하는 사람을 만나니 반갑기는 하네.'라는 생각을 하며. 그런데 내 말을 듣고 있던 그는 의외의 답변을 했다.

"와, 정말 대단하시네요. 저도 시를 좋아해서 ㅇㅇ대학교 국문과를 나왔어요. 그리고 월간 문학을 통해 등단도 했고요. 요즈음은 월간 문학과 현대문학에서 정기적으로 원고 청탁을 받아 시를 싣고 있습니다. 시를 좋아하는 분 만나니 저도 반갑네요."

그러면서 자신이 비록 출간은 되지 않았지만, 산속에서 3년 동안 장편 소설을 쓴 이야기부터 문학에 대한 열정과 문학관에 관해 이야기를 했다. 그리고 시집도 4권이나 내었다고 했다. 현대 시와 소설에 대한 해박한 지식을 가진 그에게 아는 체를 한 것이 부끄러웠다.

사람은 외부로 드러나는 외형적인 조건만 가지고 판단해서는 안 된다는 생각을 평소에 하고 있었다. 하지만 정작 그가 가진 임시직이라는 외부적인 조건으로 그를 판단한 것이다. 살아가다 보면 이런 경험은 한 번쯤

있기 마련이다.

"도사 앞에 요롱 흔든다."

이런 말도 있다. 전문가 앞에서 아는 체를 한다는 의미이다. 자신이 조금 안다고, 조금 가졌다고 허세를 부리지 말자. 듣는 사람은 속으로 코웃음을 칠 수도 있다. 허세보다는 겸손한 자세가 오히려 나를 빛나게 한다. 그가 가진 것이 나보다 좀 못하다고, 아는 것이 좀 적다고 은연중에 나를 과시하거나 무시한다면 그 관계는 발전되기 어렵다. 사람에게는 모두 잘하는 것과 못 하는 것이 있다. 나보다 이것을 못 하면 다른 것은 나보다 더나을 수 있음을 생각해야 한다.

외형적으로 드러나는 것 하나가 나보다 못하다고 해서 그 사람 전체가 나보다 못한 것이 아니다. 그러니 좀 안다고, 좀 가졌다고 잘난 체 말자. 겸손하여지자.

지금 나로 인해 상처 받는 사람은 없는가?

회사에 다닐 때 상사와 불협화음으로 인해 스트레스를 받고 사표를 냈다. 그때 나는 과장이었고, 상사는 부장이었다. 그런데 그렇게 상사에게 스트레스를 받으면서도 한 번도 내 밑에 직원이 나로 인해 스트레스를 받는다고 생각하지 못했다. 그 당시 생각하기에 상사는 무척 부당한 사람이었고, 그 부당함으로 인한 스트레스를 밑에 직원에게까지 내려가지 않게 하기 위해 난 방패 역할을 한다고 생각했다. '나만 당하자. 나의 이런 고통을 부하직원에게까지 물려주어서는 안 된다.'라고 생각하며 혼자 십자가를 지는 기분으로 상사와 부하직원을 대했다. 그리고 부하직원이 힘들어할 때 그 일을 처리해준 일도 많았기에 최소한 그들은 나를 이해해준다고 믿었다. 그런데 어느 날 내 앞에 앉아있는 이 대리를 불렀다.

"이 대리,"

대답이 없었다. 못 들었다고 생각해 한 번 더 불렀다.

"이 대리"

하지만 대답이 없었다. 약간 화가 났다.

"이 대리, 사람이 불렀으면 대답을 해야 할 것 아니야."

그때서야 이 대리는 마지못해 대답했다.

"대답하면 또 뭐 시킬 거잖아요."

그 대답을 듣는 순간 아무 말도 못 했다. 이 대리도 업무에 많은 스트레스를 받고 있다는 생각을 하며 시킬 것을 나 스스로 하고 말았다. 그때도 내가 상사에게 받는 스트레스와 같은 것을 부하직원도 나에게 받고 있다는 생각은 추호도 하지 않았다.

세월이 지나면서 이 일이 가끔 생각이 났다. 그리고 '이 대리도 나에게서 엄청 스트레스를 받았구나. 단지 표시만 하지 않은 것이었구나.' 하는 생각이 들었다. 사람은 자신의 행동에 대해 객관적으로 생각하기 어렵다. 단지 자신은 합리적이며 그렇게 행동하는 것은 모두 그 이유가 있다고 믿는다. 특히 마음의 상처가 심한 사람은 다른 사람의 상처를 돌아보기 어렵다. 마음의 여유가 없기 때문이다. 그래도 한 번쯤 돌아보자. 내 주변에는 나로 인해 상처를 받는 사람은 없는지.

꽁꽁 얼은 마음을 풀자

사람은 상대방이 어떤 입장인지 모두 알지 못한다. 그래서 서운한 마음이 들기도 한다. 사는 것이 팍팍할수록 더 남을 배려하기 어렵다. 물론 이 말은 경제적인 형편이 어려운 것만을 이야기하지 않는다.

어떤 사람에게 서운한 감정이 들어 그 사람을 다시 보지 않겠다고 결심을 한 적이 몇 번 있다. 그런데 그 사람은 전혀 그런 것들을 기억조차 하지 못하는 경우도 있었다. 나만 그 사람의 행위에 대해 되새김질하며 화를 낸 것이다. 결국 나만 손해였다.

관계에 따라서는 상처를 주기도 하고 상처를 받기도 한다. 관계를 형성할 때 상처를 주려고, 상처를 받으려고 만나는 경우는 드물다. 특별한 경우(사기 등)를 제외하고는 그렇다. 어떻게 하다 보니 그런 상황이 되어버린 것이다.

요즈음 가족관계에서도 절연하고 살아가는 사람이 많다. 남남이라면 관계를 단절하고 살아갈 수도 있지만, 가족관계는 그렇게 해서는 안 된다. 만약 가족과 관계를 끊고 살아간다면, 다시 한번 생각해보는 기회를 가져보자. 예전에 좋았던 기억을 떠올리며 꽁꽁 언 마음을 녹이자. 얼마나 살 인생이라고 가족끼리 얼굴도 안 보고 살아가는가? 이해하려고 마음만 먹으면 이해하지 못할 일이 무엇인가?

　형제와 관계를 끊고 살아가는 한 지인이 있었다. 그 지인은 자신의 누이에게 당한 무시로 인해 큰 상처를 받았고, 몇 년간 얼굴도 보지 않고 살았다. 그런데 그 누이의 아들이 결혼식을 한다는 소식을 들었다. 갈까 말까 망설이다 '그래도 조카가 무슨 죄가 있는가?'라는 생각이 들어 참여했다고 한다. 잔칫날은 둘의 관계가 서먹했지만, 결혼식이 끝나고 며칠 후에 그 누이가 전화를 해왔다고 한다.

　"내 본의가 아니었다. 그 당시 난 무척 혼란에 빠져있었고 너를 무시할 생각이 전혀 없었다. 네가 와주어서 무척 고마웠다. 마음 상한 것 풀고 앞으로 잘 지내자."

　그 순간 지인은 눈물이 핑 돌았고, 자신을 무시했다고 생각한 누이를 이해할 수 있었다고 한다. 무시한 것이 아닌데도 무시를 당했다고 생각한 자신이 오히려 부끄러웠고 함께 하지 못한 세월이 안타까웠다고 한다.

　서로 소통을 하면 많은 부분 오해가 풀린다. 그런데 감정이 상했다는 이유로 소통조차 거부하는 것이 관계를 겨울로 만든다. 먼저 꽁꽁 언 마음을 풀자. 그러면 관계의 땅에도 봄이 오고 향기로운 꽃이 피게 될 것이다.

하고 싶은 말은 하고 살자

　살아오면서 불합리한 경우를 당하며 하고 싶은 말을 못 한 경험이 참 많다. 그중에 상당한 부분을 차지하고 있는 것이 주눅이 든 경우이다. 특히 남자의 경우는 속된 말로

　"까라면 까지 뭐 그리 말이 많아."

　라는 말을 많이 한다. 이 말은 예전 군대에서 많이 쓰던 말로, 자기보다 직급이 낮거나 계급이 낮은 사람에게 윽박지르며 하는 말이다. 이 말에는 여러 의미가 들어있다. '나는 너보다 경험이 많으니까 네가 무슨 말을 하는지 다 알아. 너는 상황에 대해 잘 알지 못하니까 내가 시키면 시키는 대로 해.'라는 말이 포함되어 있다. 이런 상사 밑에 있으면 많은 스트레스를 받는다. 한두 번 말을 하다가 그다음부터는 말을 하지 못하게 된다. 소통되지 않는다는 말이다.

　직장 생활을 하면서 가장 참기 힘든 것이 일방적인 지시였다. 내가 한

말을 아예 이해를 못 하는 상사 밑에서 일을 한다는 것은 참으로 겪어내기 힘든 것이었다. 도대체 같은 한국말을 하는데, 왜 이해를 못 하는지 답답해 미칠 지경이었다. 말해도 통하지 않으니, 말을 않고 참거나 아니면 싸우는 경우 두 가지밖에 선택의 여지가 없었다. 참는 것에도 한계가 있다. 하루 이틀이면, 한두 달이면 모를까, 몇 년씩이나 같은 상황이 되풀이된다면 누구나 참기 어렵게 된다.

가족관계에서도 마찬가지다. 손윗사람이 아랫사람의 말을 무시하고 큰소리만 친다면 아랫사람은 주눅이 들어 할 말이 있어도 못하게 된다. 그것은 상처가 된다. 그러니 사이가 좋아질 리 만무하다. 피를 나눈 형제 사이에도 그러할진대 한 방울도 피가 섞이지 않은 배우자끼리는 그 농도가 심해 아예 연을 끊는 경우도 있다. 오늘 아침 혼자 중얼거리고 있는 아내를 보았다.

"뭘 그리 아침부터 중얼거려요?"

"연습하고 있는 겁니다. 나를 함부로 대하는 사람에게 해줄 말을요."

"그게 무슨 말입니까?"

"살다 보니 꼭 해야 할 말을 못 하고 참는 경우가 많다는 생각이 들었어요. 그때마다 혼자 스트레스 받고 집에 와서 화를 푸느라 '씩씩' 대었는데, 이제 그렇게 살지 않으려고요."

아내는 어디서 누구에겐가 할 말을 못 하고 온 모양이다. 자신은 절대 잘못하지 않았는데, 상대방이 윗사람이라는 이유만으로 아내에게 화를 낸 것이다.

"그래서 무슨 말을 지금 연습하는 건데요?"

"나는 힘들게 살아온 사람입니다. 그런 나에게 당신이 함부로 말을 하면 안 됩니다. 말을 가려서 해주세요. 그러면 그 말을 듣겠지만, 그렇지 않는다면 듣지 않겠습니다."

아내의 말을 듣고 '예전에 회사 생활할 때 이런 연습을 했더라면 좋았을 텐데'라는 생각이 들었다. 반응하지 않으면 상대는 얕잡아보고 어떤 말이라도 내뱉으며 무시할 수 있다는 생각이 들었다. 아내의 연습이 효과가 있을지는 아직 모르겠지만, 주눅이 들어 잘못된 상황에서 말 한마디 못하고 당하는 것보다는 낫다는 생각이다. 옛말에 '참는 게 약이다.'라는 말이 있다. 하지만 참는 것이 다 약이 될 수 없다. 때에 따라서는 참는 것이 관계를 더 악화시킬 수도 있는 문제다. 참아야 할 때는 참아야겠지만, 불합리한 점에 대해서는 자신의 의견을 논리적으로 피력할 수 있는 것도 인간관계에서 필요하다.

살아가면서 우리는 관계가 깨어질까 봐 할 말 못 하는 경우가 많다. 말이 소통되지 않는 상황이라면 그 관계는 깨어지는 것이 차라리 더 낫다. 하지만 이러한 생각이 모든 경우에 적용되는 것은 아니다. 부모 자식의 경우는 관계가 깬다고 깨질 수 없는 관계이고, 섣부른 말이 화를 부를 수도 있다. 그때는 좀 더 현명하게 대처를 하면서 자신이 요구하는 것을 관철하는 방법을 연구해야 하지 않을까? 그 이외의 관계라면 소통되지 않는 사람과는 관계를 맺고 살지 않는 것이 더 좋다. 이것이 고집일까? 하지만 때에 따라서는 고집이 약이 될 수도 있다.

"이제는 하고 싶은 말은 하며 살자."

제3장
지금 당신은 좋은 관계를 맺고 있는가?

지금, 당신 옆에는 어떤 사람이 있는가?

지금은 술을 마시지 않지만, 예전에는 거의 매일 술을 마셨다. 친구들은 대부분이 술친구였다. 저녁때가 되면 내가 전화를 걸거나 전화가 와서 함께 어울려 술을 마셨다. 술을 마시면서 이야기를 나누면 스트레스가 해소되고 취하면 함께 한 사람과 친밀도도 높아졌다. 그런 분위기가 좋아 매일 술을 마셨다. 술을 계속 마시자 그 폐해가 컸다. 첫째 혈압이 올라가는 등 건강이 나빠졌다. 젊었을 때는 괜찮은 것들이 나이가 들자 괜찮지 않게 되었고, 내 나이 정도 때 혈압으로 쓰러진 아버지가 생각났다. 둘째, 얼굴이 항상 붉어 남에게 좋지 못한 인상을 주었다. 셋째, 헛되이 보내는 시간이 많았다. 저녁마다 술을 마시니 글을 쓸 시간도, 가족과 함께할 시간도 내지 못했다. 넷째, 돈의 낭비도 적지 않았다.

그 외에도 술을 끊어야 할 이유는 많았다. 그래서 술을 끊으려 했다. 하지만 쉽지가 않았다. 아침에는 쓰린 속을 잡고 술을 그만 마셔야지 생각하다가도 저녁만 되면 술을 마셨다. 술을 끊기로 하고 며칠 참았다가도 술을 마시자는 전화가 오면 그 유혹을 이겨내기 힘들었다. 그러다 술로 인해 모든 상황이 점점 더 악화한다는 생각이 들어 술을 끊겠다고 강하게 결심했다. 그러던 어느 순간부터 술을 끊게 되었다. 그래도 얼마간 술친구들은 나에게 전화가 와서 술을 마시자고 하였다. 그래도 거절을 거듭하자 몇 달 후부터는 술을 먹자는 전화가 걸려오지 않았고, 목숨이라도 바칠 듯이 친했던 관계가 한 둘씩 정리가 되기 시작했다. 그리고 일 년 정도가 지나자 술친구들은 더 나를 찾지 않았다.

술을 끊자 긍정적인 효과가 나타나기 시작했다. 그토록 쓰고 싶던 글을 쓸 수 있게 되었고, 건강도 양호해졌으며, 더 얼굴이 붉지도 않게 되었다. 가족과 함께 보내는 시간이 많아져 부부 사이가 좋아졌으며, 항상 모자라던 돈이 지갑에 고스란히 남아있게 되었다. 그런데 한 가지 아쉬웠던 점은 관계의 단절이라는 것이다. 주위에는 전부 술친구밖에 없었으니 술을 끊자 만날 사람이 없어졌고, 심심함과 더불어 외로움이 밀려온 것이다. 30년 넘게 인간관계를 형성하는 출발이 술이었다. 사람을 만나면 일단 술을 좋아하는지부터 물어보고 좋아한다면, 술 마시는 자리를 마련해 함께 술을 마시며 친해지는 것이 내 인관관계를 형성하는 스타일이었다. 그런데 술을 마시지 않으니 술과 연관된 새로운 인간관계가 형성되지 않았다. 더구나 술에 취하면 목숨이라도 바칠 것 같은 인간관계도 단절되었다.

그러다 보니 술을 끊은 것은 내 인간관계를 돌아보는 계기가 되었다. 내 삶을 돌아보니 술친구들은 내 인생에 도움이 된 것이 아니라, 나를 더욱 구렁텅이로 몰고 간 사람들이라는 것을 느끼게 되었다. 술을 마실 때는 술친구들이 내 인맥 인프라라고 생각했다. 그런데 술친구들이 없어져도 전혀 문제가 없었다. 시간이 지나자 오히려 술친구들이 차지했던 그 자리를 술을 마시지 않는 사람들로 채워졌다. 새로운 친구들은 술친구들처럼 충동적으로 행동하지 않으며, 사려가 깊고, 필요할 때 돈을 쓸 줄 아는 사람들이었다. 술에 취한 친밀감이 아니라 정상적인 정신에서의 친밀감이었다. 술을 마실 때 사람을 만나는 장소는 술집이었지만, 지금 사람을 만나는 장소는 카페나 도서관이다. 대화도 술에 취한 충동적인 내용이 아니라, 서로에 대한 격려나 칭찬, 그리고 공감이다.

이것을 계기로 인간관계에서의 중요한 법칙을 하나 깨달았다. 술을 과하게 마실 때 내 주변에 취한 사람이 가득했던 것처럼, 술을 마시지 않으니 제정신으로 살아가는 사람으로 가득 채워진다는 사실에서, 내가 어떤 사람이 되느냐에 따라 내 주변이 그런 사람으로 채워진다는 것이다. 누구에게나 신으로부터 주어진 인생이라는 영토가 있다. 자신의 영토를 어떤 것으로 채우느냐가 아름다운 숲의 인생이 되느냐, 아니면 잡초 무성한 풀밭이 되느냐를 결정한다. 숲이든지 잡초밭이든지 그것은 씨가 심어져야 하고 그 씨는 자신에게서 나온다. 과거 술의 씨앗을 뿌렸기에 내 영토는 온통 술 밭이 되어 그 냄새가 진동했다. 술의 긍정적인 기능은 많다. 그것은 적절할 때이다. 하지만 난 너무 지나쳤다. 과유불급이라고 지나침은 모자람만 못하다. 어느 순간부터 절제가 되지 않는 악순환에 빠졌다. 술이 술을 마시는 꼴이었다. 돌아보니 이것은 아니라는 생각이 들어 밭을 갈아 엎었다. 그리고 향기의 씨를 뿌렸다. 꽃이 피기 시작했고 점점 내 삶은 향기로워지고 있음을 느낀다.

자신의 숲을 공부하는 사람으로 채우고 싶다면, 자신이 공부하는 사람이 되어야 한다. 좋은 사람으로 채우고 싶다면 먼저 자신이 좋은 사람이 되어야 한다. 주위를 둘러보라. 당신의 옆에는 어떤 나무로 채워져 있는가? 조직폭력배로 채워져 있으면 자신이 조직폭력배가 아니라고 해도 당신은 조직폭력배일 뿐이다. 좋은 사람으로 가득하다면 당신은 좋은 사람임이 분명하다. 사과나무밭에는 사과나무가 있는 까닭이며, 장미밭에는 장미가 있는 까닭이다. 사과나무밭인가? 그러면 잡초는 과감하게 뽑아버려라. 그래야 튼실한 사과가 달릴 수 있다.

나의 인간관계는 어떠한가

지금 나는 어떤 관계를 맺고 있는가를 한 번쯤 되돌아볼 필요가 있다. 인생은 관계를 맺는 과정이라고 했다. 관계란 주고받는 것이다. 마음을 주고받기도 하고, 물질을 주고받기도 한다. 그러면서 본질적으로 행복을 추구하며 살아가는 것이다. 관계는 거울이다. 내 행복을 비춘다. 지금 행복하다면 나의 관계가 좋은 것이고, 그렇지 않다면 관계에 문제가 있다고 보아도 무방하다. 지금 나의 주위에는 어떤 사람이 있는지를 돌아본다면, 지금 나의 상황을 알 수 있다. 나침반은 남극과 북극을 표시한다. 그러면서 자신이 가고자 하는 방향을 찾아준다. 길을 잃었을 때 나침반을 보아야 하듯이, 모든 일이 뜻대로 되지 않을 때는 자신이 맺고 있는 관계를 돌아보아야 한다. 또한, 행복하더라도 그 행복을 잃지 않기 위해서는 자신이 맺고 있는 관계를 돌아보아야 한다. 관리하지 않는 관계는 피가 통하지 않는

혈관과 같아서, 끊어지게 되기 때문이다.

"지금 당신 곁에는 누가 있는가?"

우선 나부터 돌아보려 한다. 나에게는 소중한 가족이 있다. 이것은 별도로 다루었기에, 여기서는 언급하지 않기로 한다.

난 작가다. 30년도 더 지난 글쓰기 모임인 '창작'에서 활동하고 있다. 그 회원 중에 일부는 오랫동안 나와 관계를 맺고 있다. 글쓰기뿐만 아니라 살면서 힘든 일, 슬픈 일, 기쁜 일 등을 서로 나눈다. 그 모임을 내가 만들었고 아직도 신입회원이 들어오고 있다. 창작을 만든 것은 내 인생에 아주 보람된 일이며, 그 회원과 관계를 맺는 것이 나를 행복하게 한다. 글과 관련된 모임은 이외에도 몇 개가 더 있다. 울산에 거주하는 작가들의 모임인 울산작가회의. 그들과 교류를 하며 문학 활동을 하는 것은 작가인 나에게는 의미가 깊다. 그리고 책 쓰기 모임인 '굳글'에서 활동한다. 책 출간을 위해 글을 쓰는 모임이다. 이 두 모임은 목적은 글쓰기지만 친목도 도모한다. 글쓰기를 하는 작가와 교류를 하는 것은 작가의 삶을 사는데 중요한 의미를 지닌다.

글쓰기와는 관련이 없지만, 의미를 지니는 모임이 있다. 고등학교 때부터 친분이 있는 선, 후배가 모여 만든 '풍경소리'라는 독서 모임이다. 오래전에 만난 관계이기에 아직도 서로 형제 같은 정이 있어 그 모임에만 가면 편안한 느낌이 든다. 또한, 지금 교회에 다니는데 그곳에서 만나 교제를 나누는 사람도 좋다. 그 외에도 '순둥이들', 'E5'와 같은 친목 모임도 있다. 모임은 아니지만, 학창 시절을 함께 한 친구, 사회에서 만난 친구, 일을 통해 알게 된 사람 등 개별적으로 친분이 있는 사람도 많다.

생각해보니 특별할 것이 없는 사람들과 난 특별한 관계를 맺고 있다.

그것이 나를 행복하게 하는 특별할 것이 없는 특별한 이유이다. 여기서 '특별한 관계'라는 말을 쓰는 것은 세상에는 수많은 사람이 살아가지만, 나와 관계를 맺었으니 나에게만큼은 특별하다는 의미이다.

그런 관계를 맺으니 행복하냐고 나에게 묻는다면, 난 그렇다고 대답할 것이다. 왜냐면 난 그 관계에서 행복한 이유를 찾기 때문이다. 지금 관계를 맺고 있는 사람과는 자의든 타의든 분명 이유가 있을 것이다. 그리고 관계가 지속한다는 것도 연결고리가 되는 어떤 일이 존재했기에 가능했을 것이다. 자세하게 생각한다면 관계를 맺고 있는 사람 중에 나와 좋은 기억 하나쯤은 가지고 있다. 그렇지 않다면 벌써 나의 관계 그물망에서 벗어났을 것이다. 물론 안 좋은 기억을 가지고 있는 사람도 있다. 하지만 그와 나의 관계는 예전에 이미 끝이 났다. 그렇기에 내 곁에 있는, 나와 관계를 맺고 있는 사람들은 나름의 의미를 가지고 있으며, 그 의미가 나를 행복하게 만드는 것이다.

이 책을 쓰면서 살아오면서 관계를 맺은 사람에 대해 다시 생각해보게 되었다. 그리고 많은 교훈을 얻었다. 그런 교훈들은 앞으로 살아가면서 좋은 관계를 유지하고 새롭게 좋은 관계를 맺게 하는 원동력이 되리라 생각한다. 이 글을 읽는 독자도 한번 생각해보길 권한다. 자신이 맺었거나 지금 맺고 있는 인간관계에 대한 전반적인 것을. 그러면 당신도 내가 관계에 대해서 생각하면서 찾은 교훈을 찾을 수 있을 것이다. 이 시점에서 관계의 나침반을 한번 들여다보라. 나침반을 보는 방법은 다음의 물음이다.

"지금 내 곁에는 누가 있는가?"

좋은 관계는 인생의 변곡점이 되기도 한다

누구를 만나느냐 하는 것이 자신의 삶을 결정한다. 의미 있는 만남도 있고 그렇지 않은 만남도 있다. 때에 따라서는 한 사람을 만나는 것이 자기 삶의 방향을 바꾸기도 한다. 나에게도 그런 사람이 있다.

오래전부터 글을 써왔기에 책을 내고 싶었다. 그리고 나를 아는 주변 사람도 모두 내가 글을 쓰고 있음을 알고 있다. 살아오면서 수 없이 이런 질문을 받았다.

"책 안 내세요?"

그때마다 난 이렇게 대답했다.

"언젠가는 낼 거예요."

그런데 한 사람을 만나고 난 뒤 2년 사이 8권을 출간했다. 그 사람은 책 쓰기 코치를 하는 이00 작가였다. 그를 만나고 난 뒤 비로소 글을 쓰는 것과 책을 내는 것은 다르다는 것을 알게 되었다. 글은 아무나 쓸 수 있지만, 책은 아무나 내지 못하는 것은 책을 내는 방법을 모르기 때문이라는 것을 알았다. 방법을 알고 나니 책을 내는 것은 그리 어려운 일이 아니었다. 어차피 난 40년 가까이 글을 쓴 필력이 있었기 때문이다. 그리고 한 가지 더 깨달은 것은 글을 잘 못 써도 책은 낼 수 있다는 것이다. 내려고 하면 말로도 책을 낼 수 있음을 알게 되었다. 요즈음은 말을 글로 바꾸어주는 앱이 있기에 노력 여하에 따라 그것이 가능할 수도 있다.

그런데 어느 정도 글을 쓰는 사람도 책을 내라고 하면 막연해한다. 그것은 그 방법을 모르기 때문이다. 이○○ 작가를 만나고 난 뒤 내 인생은 완전히 바뀌었다. 책을 내지 않았던 무늬만 작가였던 내가 단시간에 8권 책을 내었으며, 지금도 여전히 책을 쓰기 때문이다. 그와 관계를 맺은 것이 인생의 변곡점이 되었다.

그리고 나도 누군가의 인생에 변곡점이 되었으면 좋겠다는 생각을 품게 되었다. 내가 제일 잘하는 일인 글쓰기로 사람과의 관계를 형성하고, 그 사람의 인생에 변곡점을 마련해주겠다는 생각이다.

좋아하는 것, 하고 싶은 것이 있다면 꾸준히 준비를 하자. 그러면 그것을 실현시켜줄 사람을 만나게 될 것이다. 불 따로 기름 따로 라면 활활 타오를 수 없다. 기름과 불이 만나야 지속적으로 타오를 수 있다. 준비하는 과정은 기름을 비축하는 일이다. 불을 만나는 것은 관계를 맺는 것이다. 준비가 다 되어도 불이 나타나지 않는다면 불을 찾아가면 된다. 그 전문가를 찾아가 관계를 맺고 배우면 타오를 수 있다. 준비된 자만이 자신을 타오르게 할 불을 만날 수 있다.

내가 생각하는 좋은 관계란?

인생이란 관계를 맺는 일이라고 하였다. 좋은 인생을 살려면 좋은 관계를 맺어야 한다고도 이야기를 하였다. 그렇다면 좋은 관계란 무엇인가? 그것은 내가 좋은 사람이라고 생각하는 사람과 관계를 맺는 것이다. 그래서 내가 생각하는 좋은 사람 100가지에 대해 적어보았다.

-내게 좋은 사람이란?

1. 나를 이해해주는 사람이다. 2. 나에게 호감을 느낀 사람이다. 3. 내가 힘들 때 도와주는 사람이다. 4. 나에게 위로를 주는 사람이다. 5. 나를 행복하게 해주는 사람이다. 6. 나를 인정해주는 사람이다. 7. 나에게 배려를 해주는 사람이다. 8. 나를 편안하게 만들어주는 사람이다. 9. 나를 좋은 방향으로 이끌어주는 사람이다. 10. 만나면 즐거운 사람이다.

11. 나의 속을 이야기할 수 있는 사람이다. 12. 나에게 이익을 주는 사람이다. 13. 나에게 교훈이 되는 이야기를 해주는 사람이다. 14. 칭찬해주는

사람이다. 15. 자신감을 느끼도록 격려해주는 사람이다. 16. 새로운 일을 할 수 있게 동기를 유발하는 사람이다. 17. 얼굴에 미소를 짓는 사람이다. 18. 공감해주는 사람이다. 19. 함께 기뻐해 주는 사람이다. 20. 관심사가 같은 사람이다.

21. 나에게 관심을 두는 사람이다. 22. 나를 믿어주는 사람이다. 23. 나의 이름을 기억해주는 사람이다. 24. 의기투합을 할 수 있는 사람이다. 25. 날 사랑해주는 사람이다. 26. 먼 길을 함께 가주는 사람이다. 27. 필요할 때 와주는 사람이다. 28. 지적인 사람이다. 29. 책을 많이 읽는 사람이다. 30. 책을 쓰는 사람이다.

31. 전문적인 지식이 있는 사람이다. 32. 열정이 있는 사람이다. 33. 책임감이 있는 사람이다. 34. 봉사하는 사람이다. 35. 협력할 줄 아는 사람이다. 36. 문학을 좋아하는 사람이다. 37. 노래를 잘하는 사람이다. 38. 비를 좋아하는 사람이다. 39. 순수한 사람이다. 40. 순한 사람이다.

41. 판단력이 뛰어난 사람이다. 42. 공부를 잘하는 사람이다. 43. 꿈이 있는 사람이다. 44. 건강관리를 잘하는 사람이다. 45. 멋을 아는 사람이다. 46. 노력할 줄 아는 사람이다. 47. 문제해결 능력이 뛰어난 사람이다. 48. 잘 적응하는 사람이다. 49. 위기를 기회로 바꿀 줄 아는 사람이다. 50. 가족을 귀하게 여기는 사람이다.

51. 말을 많이 하기보다는 듣는 것을 많이 하는 사람이다. 52. 집중력이 있는 사람이다. 53. 원만한 성격을 가진 사람이다. 54. 부드러운 카리스마를 가진 사람이다. 55. 상냥한 사람이다. 56. 친절한 사람이다. 57. 양보할 줄 아는 사람이다. 58. 마음이 따뜻한 사람이다. 59. 용기 있는 사람이다. 60. 인내심이 강한 사람이다.

61. 센스 있는 사람이다. 62. 그림을 잘 그리는 사람이다. 63. 나눔을 실천하는 사람이다. 64. 악기를 잘 다루는 사람이다. 65. 희생정신이 있는 사람이다. 66. 약속을 잘 지키는 사람이다. 68. 화합하는 사람이다. 69. 체면을 세워주는 사람이다. 70. 겸손한 사람이다.

71. 합리적인 사람이다. 72. 가치관이 뚜렷한 사람이다. 73. 자신의 철학이 있는 사람이다. 74. 민주주의를 사랑하는 사람이다. 75. 아이를 사랑하는 사람이다. 76. 자연을 사랑하는 사람이다. 77. 동물을 사랑하는 사람이다. 78. 상상력이 풍부한 사람이다. 79. 창의력이 있는 사람이다. 80. 감성적인 사람이다.

81. 인자한 사람이다. 82. 성공한 사람이다. 83. 인간성이 좋은 사람이다. 84. 함께 웃으며 수다를 떨 수 있는 사람이다. 85. 부모에게 효도하는 사람이다. 86. 우정을 나누는 친구이다. 87. 지혜로운 사람이다. 88. 시대의 트렌드를 읽을 줄 아는 사람이다. 89. 옷을 잘 입는 사람이다. 90. 나잇값을 하는 사람이다.

91. 상대방의 입장에서 생각할 줄 아는 사람이다. 92. 말을 재미있게 하는 사람이다. 93. 갈등관리를 잘하는 사람이다. 94. 화를 잘 내지 않는 사람이다. 95. 대화가 통하는 사람이다. 96. 참을성이 많은 사람이다. 97. 근검절약할 줄 아는 사람이다. 98. 끈기 있는 사람이다. 99. 좋은 습관을 지닌 사람이다. 100. 형제간에 우애가 좋은 사람이다.

내가 좋아하는 사람을 생각나는 대로 적어보았다. 내가 가진 인간관계 중에서 여기에 해당하는 사람도 있고 해당하지 않는 사람도 있을 것이다. 내가 적은 이런 사람이 나에게 좋은 사람이라면, 앞으로도 이런 사람과 관계 맺기를 시도할 것이다. 이런 좋은 사람이 내 주변에 가득하다면 난 틀림없이 좋은 인생을 살 수 있을 것이다. 내가 이런 사람과 관계 맺기를 바란다면 내가 먼저 그런 사람이 되어야 한다.

관계가 꽃이라면, 꽃을 피우기 위해서는 씨앗을 먼저 뿌려야 한다. 그것을 마음 씨앗이라고 할 수 있다. 씨앗 없이 피어나는 꽃은 없다. 자신이 가진 것이 잡초 씨앗이라면, 자신의 마음속에 있는 관계의 영토에는 잡초만 무성할 뿐이다. 어떤 씨앗을 가지느냐 하는 것은 자신이 어떤 사람인가 하는 것의 다른 말이다. 그렇기에 먼저 자신이 좋은 씨앗을 가지려 노력해야 한다. 그래야 위에 서술한 내가 좋아하는 사람과 좋은 관계의 꽃을 피울 수 있다.

여기서 주의할 점은 좋은 사람과 관계를 맺으라는 것이지 무조건 많은 사람과 관계를 맺으라는 말은 아니다. 좋은 관계를 맺은 한 사람이 그렇지 못한 관계의 100사람보다 더 낫다는 것은 상식에 속한다. 너무 많은 사람과 관계를 맺는 것은 장점도 있지만, 단점도 있다. 사람을 만나는 것은 자신의 에너지를 쏟아야 하는 일이다. 너무 많은 사람과 관계를 맺다 보면, 주의력이 흩어질 수 있다. 그 때문에 정작 좋은 사람에게 소홀해질 수 있는 것이다. 좋은 사람을 많이 곁에 두는 것은 좋지만, 무턱대고 관계를 맺는 것은 인간관계에서 지양해야 할 일이다.

당신도 스스로 좋은 사람이라고 생각하는 사람 100가지를 한번 적어보기를 권한다. 그리고 당신이 먼저 그런 사람이 되도록 노력하라. 그런 후 좋은 사람이라고 생각되는 사람과 관계 맺기를 끊임없이 시도해 보라. 그러면 분명 당신은 명품관계를 지닌 사람이 될 것이며, 당신의 인생도 명품인생이 될 것이다.

제4장
갈등관리, 배려, 나눔, 협력

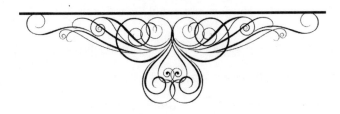

대입 자기소개서 3번 문항

대학 입시 수시 전형에는 학생부 종합전형이 있다. 학생부 종합전형에는 자기소개서가 필요하다. 자기소개서는 총 4개의 문항으로 되어있는데, 1~3번은 모든 학생이 공통으로 적어야 하는 문항이고, 4번 문항은 대학별로 다르다. 그중에 3번 문항은 4개의 가치에 관해 기술하게 되어있다. 갈등관리, 나눔, 협력, 배려가 그것이다. 처음에 이 문항을 대하고 하필이면 왜 이 4가지일까 궁금했다. 그러면서 깨달은 것이 이것이 인간관계의 핵심이라는 사실이다.

이 전형에 지원하는 많은 학생이 자기소개서를 적는다. 대학에 가기 위해서 어쩔 수 없이 적어야 하지만, 이 네 가지의 가치를 쓰면서 고등학교 생활을 되돌아보게 하는 것이다. 책이나 선생님을 통해서 얻는 간접 지식도 중요하지만, 자신의 생활을 되돌아보며 얻는 직접적인 지식은 간접 지식보다 더 중요하다고 생각한다. 자신의 인간관계에 대해 되돌아볼 기회는 흔치 않다. 하지만 글로써 정리해본다면 앞으로 살아갈 날에 부닥칠 자신의 인간관계에 아주 긍정적인 효과를 가질 수 있다. 그런 의미에서 대입 자기소개서 3번 문항은 교육적인 측면에서 아주 의미 있다고 생각한다.

독자도 이 네 가지 가치에 대해 한번 생각해보는 계기가 되었으면 하는 바람이다. 더 좋은 것은 이렇게 글로 한번 써보는 것이다.

갈등관리

사람이 살아가는 데는 갈등이 없을 수 없다. 아무리 친한 가족 사이에도 갈등은 존재하기 마련이다. 사람의 지식과 경험은 다 다르기 때문에 자신의 입장에서 세계를 해석한다. 그러다 보니 입장이 다를 수밖에 없다. 두 입장이 화학적으로 결합하지 못하면 갈등이 생긴다. 그런 과정에서 화라는 감정의 불이 붙는다. 갈등은 쉽게 해결되지 않는다. 먼저 감정의 불을 꺼야 한다. 그리고 소통을 통해 서로의 입장을 이해하는 것에서 출발해야 한다. 사람의 관계에서 갈등이 발생하면 갈등을 해소하기 위한 노력보다는 관계를 단절해버리는 경우가 많다. 관계를 형성하기 위해 큰 노력을 하고, 그 관계가 함께한 많은 추억과 가치 공유가 하루아침에 단절되어버린다면 얼마나 안타까운 일인가?

대학 입시 자기소개서에 갈등 관리라는 문항이 들어 있는 것은 학생 때부터 갈등을 관리하는 습관을 기르게 하기 위함이라는 생각이 든다. 갈등은 관계 단절을 의미하는 것이 아닌 관계를 발전시키는 기회로 만들어야 한다. 왜냐하면 갈등이 없는 관계는 없기 때문이며, 갈등이 일어난다고 관계를 감정적으로 단절해버린다면, 결코 좋은 인간관계를 가질 수 없기 때문이다. 갈등을 현명하게 해소하고 그 경험을 통해 얻은 교훈을 관계의 발전에 활용하는 것, 그것이 곧 갈등관리이다.

갈등은 나와 상대방에게만 일어나는 것이 아니다. 나와 관련된 두 사람이 서로 갈등하는 경우도 있다. 그리고 그것을 중재하는 역할을 할 때도 있다. 아내의 지인 중에 부부 사이에 심각하게 갈등을 겪는 사람이 있었다. 아내는 나와 갈등을 해소 한 경험을 들려줌으로 갈등 해소 방법을 알려주었다. 이혼 직전까지 갔던 그 부부는 상당 부분 갈등이 해소되어 지금은 사이좋게 지낸다. 또한, 아들과 아내의 갈등 상황을 발전의 기회로 활용한 한 남편의 이야기도 있다. 다음은 그가 들려준 이야기다.

그의 아들이 서울에서 내려온다고 했다. 부부는 비상이 걸렸다. 서울에 원룸을 얻어주었는데 계약 기간도 끝이 나지 않았다. 서울에서 일하고 싶다고 계속 졸라서 무리를 해서 방을 얻어주었는데, 1년도 안 돼서 다시 집으로 내려온다고 하니 그 부부는 기가 막혔다. 아들이 내려오기도 전부터 전화로 서로 다투는 모습을 지켜보던 남편도 아들에게 화가 났다. 도저히 수습이 불가능할 것 같은 상황이 되었다.

그 아들은 지방인 집에서, 다니던 대학교를 그만두고 취업을 시도했지만, 여의치가 않아 취업하겠다며 집을 나서 서울로 간 것이다. 나름 서울에서 적응하고자 큰 노력을 했지만 들어가는 회사마다 적응을 못 해서 들어갔다 나오기를 반복하고서는 결국 다시 집으로 오겠다는 것이다. 그동안 집세며 생활비 등이 만만치 않게 들어갔고, 아들의 생활비를 대느라 부부는 빚까지 져야 했다. 그래도 그 부부는 아들이 취업해서 독립을 하면 좋겠다고 생각하며 참아내었다. 그런데 아들이 다시 집으로 온다니 그 부부는 실망했고, 감정을 이기지 못하고 아들에게 전화로 퍼부은 것이다. 이런 상황에서는 찾으려고 한다면 많은 부정적인 이유를 찾을 수 있을 것이다.

화를 내던 남편은 냉정을 되찾았다. 그리고 어떻게 하는 것이 이런 갈등 상황을 긍정적인 상황으로 변화시킬 수 있을까를 생각했다. 먼저 현 상황을 있는 그대로 인정했다. 인정한다는 것은 이 일은 살아가면서 일어날 수 있는 일이며, 그것을 발전의 기회로 활용하겠다는 것을 의미했다. 또한 아들이 집으로 돌아오는 것을 긍정적으로 생각해준다는 것이다. 남편은 같은 상황이라도 의미 부여하기에 따라서 긍정적으로 되기도 하고 부정적으로 되기도 한다는 것이 평소의 생각이었다. 그리고 화가 나서 부정적인 생각으로 가득한 아내에게 아들이 돌아오는 것에 대해 긍정적으로 생각하게끔 설득을 했다.

집에만 있다가 서울로 취업을 하기 위해 나선 시도는 성공 여부를 떠나 충분히 칭찬을 받아야 할 일이다. 실패를 통해 인생을 배운다. 비록 성공적으로 서울에 안착하지는 못했지만, 떠나기 전과 돌아오는 지금은 많은 변화가 있을 것이다. 왜냐면 실패를 통해 많은 것을 생각했을 것이며, 그것만으로도 가치가 있는 것이다.

지금 아들은 지쳐있을 것이다. 자신이 의도했던 대로 잘 안 되었기에 몸과 마음고생이 심했을 것이다. 그럴 때 가족이 위로해주어야 한다. 그것이 가족이다. 아들에게는 새로운 출발이 필요하다. 실패를 끊어주고 새롭게 시작할 계기를 마련해주는 것도 부모의 역할 중에 하나다. 서울로 올라

간 것도 아들의 인생의 변곡점이며, 다시 내려오는 것도 변곡점이다. 부모가 지지해주고 용기를 준다면 아들은 인생의 변곡점에서 새롭게 출발할 힘을 얻을 것이다. 아들에게는 아직 시간이 많다. 이제 스물다섯이다. 무엇이든 새롭게 시작할 수 있는 나이이다.

경제적인 문제를 확대해석하지 말자. 돈으로 해결할 수 없는 불행한 일도 많다. 아들이 일 년간 서울에서 쓴 돈으로 경제적인 손실은 있었지만, 앞으로 아들이 벌어들일 돈에 비하면 아무것도 아니다.

무엇보다 아들이다. 아들이 집에 오는 것은 당연한 일이다.

남편은 이렇게 아내를 설득하였고, 아들이 내려오자 그 부부는 반갑게 맞이해주었다. 아들은 정신적인 안정을 되찾고 부모에게서 다시 힘을 얻어 취업을 시도했고, 현재는 좋은 직장에 다니고 있다. 그들 가족은 갈등 상황을 현명하게 잘 관리하여 행복의 계기로 활용한 것이다.

꼭 이와 같지는 않을지라도 어느 가족에게나 집단에게나 갈등은 생길 수 있다. 갈등을 잘못 관리하면 그 갈등으로 인해 가족이나 집단이 파탄 나기도 한다. 갈등이 일어나면 먼저 화가 난다. 화라는 것은 뇌에서 일어나는 화학 반응에 불과하다. 그런 화학반응이 일어나지 않은 상태로 돌아가게 만드는 것이 화를 삭이는 것이다. 아무리 화가 나는 상황이라 할지라도, 이 화는 화학반응에 불과해라는 생각을 하며 시간을 보낸다면 상당부분 화는 사그라져 든다. 역사적으로 봐도 깊은 갈등이 나라까지 망하게 한 예를 많이 볼 수 있으며, 현시대에도 갈등으로 인한 불행한 뉴스를 하루에도 몇 건씩 접하곤 한다. 갈등은 어떤 관계에서도 일어날 수 있는 당연한 일이다. 그런 당연한 일을 어떻게 관리하느냐가 행과 불행을 결정하게 된다.

좋은 관계의 필수는 배려

사람이 살아가는 일은 결국 사람과 관계를 맺는 일이다. 태어나서 죽을 때까지 대부분의 사람은 어떤 관계든 맺게 되어있다. 좋은 관계를 많이 맺는 사람이 있는가 하면 그렇지 못한 사람도 많다. 그 차이는 무엇일까? 좋은 관계를 맺기 위해서는 먼저 상대방이 원하는 것이 무엇인지를 이해하는 것이 선행되어야 한다. 그것을 알았다면 그를 위해 그것을 해주는 것이다. 그것이 배려이다.

우리 집에는 개와 고양이를 키운다. 개는 실내에서 키우기에 아내가 밥을 주고 고양이는 실외에서 키우기에 내가 밥을 준다. 그러다 보니 개는 아내를 좋아하고, 고양이는 나를 좋아한다. 고양이 이름은 '새벽'이다. 길고양이였는데, 둘째 아들이 불쌍히 여겨 집으로 데리고 왔다. 그리고는 서울로 가게 되어 길고양이 키우는 것은 우리 부부의 몫이 되었다. 어쩌다 보니 고양이 밥을 주는 것은 내 일이 되어버렸기에, 매일 아침, 저녁으로 고양이 밥을 준다. 아내가 고양이 밥을 주기 위해 "새벽아"하고 불러도 새벽이는 나타나지 않는다. 하지만 내가 새벽에 일어나는 시간이나, 퇴근할 때면 어디서 나왔는지 내 옆에 와서는 몸을 비빈다. 내가 고양이가 필요한 밥을 준다는 것을 알기 때문이다.

사람도 마찬가지이다. 어떤 대상과 관계를 맺기 원한다면 그 사람이 무엇을 필요로 하는지를 먼저 알고 그것을 배려해줄 때 시작된다. 무작정 퍼준다는 것과는 의미가 다르다. 사람은 필요에 의해 관계를 맺는다. 그것을 자각하든지 하지 않든지 서로의 필요를 채워줄 때 관계는 지속할 수 있다.

자신이 필요한 것만 고집하고 다른 사람의 필요를 못 본 체하는 관계는 지속할 수 없다. 먼저 주자. 그러면 탁구공이 벽에 부딪혀 자신에게 돌아오는 것처럼, 자신이 필요로 하는 것이 돌아올 것이다. 올해 아내는 김치를 담가 몸이 불편해 김치를 담그지 못하는 지인에게 한 통을 주었다. 주는 그 자체로 아내는 마음에 뿌듯함이라는 보상을 받았다. 그리고 그 지인으로부터 감사 문자 한 통을 받았다. 아내는 김치를 줌으로 뿌듯함과 감사함을 선물로 받았다. 비록 물질로 보상받은 것은 아니지만 배려로 더 큰 것을 받은 것이다. 그리고 아내와 그 지인의 관계는 훨씬 돈독해지리라는 것을 믿어 의심치 않는다.

배려박이 이야기

　사전을 보면 배려란 단어는 "여러 가지로 마음을 써서 보살피고 도와 줌, 관심을 가지고 도와주거나 마음을 써서 보살펴 주다"라고 되어 있다. 나는 스스로를 굉장히 합리적이며, 순한 성품을 가지고 있다고 생각했다. 하지만 나이가 들어갈수록 살아오는 과정을 되돌아보면 나는 얼마나 이기적이고 고집이 센 사람이었나를 느끼게 된다. 그리고 얼마나 남을 배려하지 않은 삶을 살아왔는지 반성하게 되는 것이다. 그것을 강하게 느낀 것이 후배 P와 친하게 지내고 나서이다.

　우리는 흔히 작가는 배고픈 직업이라고들 한다. 특히 시인은 직업군에도 속하지 않을 만큼 경제적으로 열악하다. 평소 작가도 돈이 되어야 한다는 생각을 하고 있었기에 글과 관련된 일을 하면서 돈을 벌고 싶었다. 즉 전업 작가의 꿈을 꾼 것이다. 그런 꿈을 실행에 옮기기 위해 자기소개서 컨설팅을 생각해내었다. 하지만 그런 사업을 할 공간이 필요했다. 그러다 우연히 도서관에서 후배 P를 만났다. 그는 고등학교와 대학교 국문과 후배였다. 예전에 그렇게 친한 관계도 아니었다. 하지만 대화 중에 그가 학원을 하고 있다는 것을 알았고 혹시나 빈 강의실이 있는지 물어보았다. 그는 흔쾌히 자신의 학원에 빈 강의실이 있으며, 관리비만 조금 내고 강의실을 무료로 이용하라고 했다. 가뭄에 단비가 내리듯이 내 필요를 채워주었으며, 그렇게 해서 자기소개서 전문학원을 내게 되었다. 취업과 대입 자기소개서 작성 지도를 했는데, 처음엔 어느 정도 성과가 있었으나 대입 수시철이 끝나자 파리만 날리게 되었다. 그도 학원이 제대로 되지 않아 학원을 접어야 했고, 나도 더 원생이 없는 학원을 유지하는 것이 의미가 없어 접어야 했다. 그렇지만 좋은 인간관계를 가지는 기회가 되었다. 그의 배려가 새로운 기회가 되었지만, 다시 살리지는 못했다.

그러다 시간이 얼마간 흘러 도서관에서 다시 그를 만났다. 그는 다짜고짜 나에게 돈을 빌려달라고 했다. 난 아무것도 묻지 않고 통장 계좌번호를 알려달라고 했다. 그러자 그는 나에게 말했다.

"형님은 구슬을 서 말이나 가지고 있으면서 꿰지 않아 보배가 되지 못합니다. 책을 내세요."

안 그래도 책을 내기 위해 그 당시 글을 쓰고 있을 때였다. 그동안 써둔 글은 많았지만 어떻게 책을 내어야 하는지 방법을 몰라 그냥 쓰기만 할 때였다.

"형님, 그 돈 저에게 떼였다고 생각하시고, 이OO 작가의 책 쓰기 프로그램에 등록하세요."

하며 강하게 권유했다. 그런 그에게

"아니 내가 글을 쓴지 몇십 년인데, 내가 강의를 했으면 했지 돈을 주고 배운다고? 싫다."

"형님 글 잘 쓰는 것은 제가 익히 알고 있습니다. 하지만 글을 쓰는 것과 책을 내는 것은 다릅니다. 글쓰기를 배우라는 것이 아니고 책을 내는 방법을 배우라는 것입니다."

그의 이야기를 듣고 책 쓰기 강의를 들었고 책을 내는 방법을 알게 되었다. 그리고 2년 남짓한 시간에 8권의 책을 내었다. 그러면서 나와 같이 글만 쓰고 책을 내는 방법을 몰라 책을 내지 못하는 사람이 많을 것 같아, 책 쓰기 컨설팅을 하면 의미가 있을 것 같다고 생각했다. 하지만 장소가 문제였다.

그때 또 한 번 그가 나를 배려했다. 울산의 삼산은 최고의 요지다. 그곳에 상가를 가지고 있는 그가 나에게 자기 건물에서 책 쓰기 학원을 할 것을 권했다. 학원을 얻으려면 보증금을 걸어야 하고 월세도 만만치 않다. 하지만 그는 보증금 없이 월세도 아주 조금만 내고 있으라고 배려해주었다.

그 덕분에 울산에서 처음으로 책 쓰기 컨설팅 학원을 개설할 수 있었다. 그리고 전업 작가로 글만 쓰고 살아갈 수 있었다. 아직 초기 단계라 컨설팅을 받는 사람은 극소수다. 하지만 이 직업은 아마도 내가 죽을 때까지 할 직업이 될 것이라는 생각을 한다. 그의 배려가 평생 내 꿈을 이루도록 만들어준 것이다. 받기만 받았지 난 그를 배려해준 것이 없다. 하지만 사람 일은 어떻게 될지 아무도 모른다. 그의 배려에 대해 언젠가 내가 갚을 날이 올 것이다. 물론 그는 대가를 바라고 배려해준 것이 아니란 걸 안다.

배려는 흐름이다. 그가 나에게 배려해준 것이 언젠가 다시 그에게로 돌아가게 되리라. 또한, 배려의 힘을 알았기에 나도 다른 사람을 배려하는 삶을 살게 될 것이다.

아내는 나로 인해 경제적으로 힘든 삶을 살았다. 교회에 다니는 아내는 하나님이 그 힘듦을 해소해주기를 간절히 기도했다고 한다. 어느 날 강변을 걸어가는데 큰 지렁이 한 마리가 풀숲에서 강변까지 여름의 뜨거운 열기를 내뿜는 콘크리트 위를 힘들게 기어가는 것을 보았다고 한다. 그때 자신의 고통을 없애줄 것을 하나님께 기도한 것이 생각나 뜨거운 아스팔트 위에서 죽을 듯이 기어가는 지렁이를 들어 풀숲으로 던져주었다는 것이다. 배려란 그런 것이다. 자신에게는 작은 것이 될지라도 받는 쪽에서는 생명을 건질 수도 있는 일이 된다.

사람 관계에서 배려란 아무리 작은 것이라도 그 관계를 아름답게 지속시키는 꽃이며, 향기롭게 하는 것이다.

그런 P에게 나는 별명을 붙여주었다.

"배려박이."

퍼주기 좋아하는 아내

　며칠 전 아내는 아는 지인으로부터 감 한 상자를 사 왔다. 그런데 어제 아내는 봉투에 감을 나누어 담아 차에 올랐다. 누구누구에게 줄 건지 벌써 생각하여 가져다주기 위해서였다. 아내의 이런 모습은 나에게 익숙한 모습이다. 처음에는 그것이 무척 어색했다. 사실 풍족하지 못한 형편에 감 한 상자를 사는 것도 고민 고민하던 아내였는데, 사자마자 다른 사람에게 주기 위해 감을 몇 개의 비닐봉지에 나누어 담았으니, 어쩌면 과한 행동이라고까지 생각이 들 정도였다. 한 마디로 아내는 퍼주기 좋아하는 사람이었다.

　처음에는 왜 그렇게 하는지 이해가 되지 않았지만, 그것이 아내의 관계 맺기의 방법임을 안 후에는 이해가 되었다. 그런 아내를 보고 전에 한 마디 한 적이 있다. 사연인즉, 처음 만나 호감을 느끼고 있는 것 없는 것 다 퍼주었던 한 사람이 있었는데, 그 사람은 절대 아내에게 아무것도 주지 않았다. 그리고 한 사람은 주기는 하였으나 유통기한이 지난 음식을 주었다. 그러자 아내는 섭섭해 했다. 그런 아내에게

"당신이 주고 싶어서 주었으면 그만입니다. 절대 보답을 바라지 마세요. 보답을 바라고 당신 생각대로 상대방이 해주지 않는다면, 그것은 계산이 개입된 것입니다. 계산에 따라 주고받는 정은 이미 정으로서 가치를 상실한 것이고 그 관계는 절대로 긍정적인 관계가 되지 못합니다. 주려거든 절대 바라지 마세요. 줄 때 이미 당신은 보답을 받은 겁니다."

난 누구에게 필요하다고 생각한 것만 준다. 그리고 다른 사람이 나에게 아무 이유 없이 주기를 바라지도 않는 스타일이다. 사람마다 관계를 맺는 스타일은 다르다. 아내는 아내 나름의 방법으로 관계를 맺고 난 나의 스타일로 관계를 맺는다. 단지 방법이 다를 뿐 누구도 틀렸다고 말할 수는 없다.

하지만 다행한 것은 아내는 받기보다는 주기를 더 좋아한다. 줄 때의 그 기뻐하는 얼굴을 보기를 좋아한다. 고맙다는 소리를 듣는 것을 좋아한다.

요즘 세상에는 감사의 표시를 하는 것이 적거나 감사를 표시하는 경우에도 형식적인 경우가 많다. 그런데 아내는 서로 감사하는 상황을 일부러라도 만드는 것 같다. 상대방이 전혀 예기치 못한 선물을 받을 때 기뻐서 감사하는 얼굴을 보고 즐거워한다. 아주 완벽히 보기 좋은 상황이다. 이런 감사는 삶에 윤활유 역할을 하기에 충분하다.

필자의 지인인 모 시인은 모임 때 한 번씩 참석한 사람을 위해 작은 선물을 준비하기도 한다. 그 모습이 참 인상적이었다. 사람을 만난다는 것은 인생에서 중요한 의미가 있다. 선물을 주는 것은 그런 의미를 더 가치 있

게 만드는 행위라고 느꼈다.

　명함이 일반화되어 있어 사람을 만날 때, 명함을 건네는 것은 자연스러운 행동이다. 그런데 특색이 없다. 필자가 아는 지인은 손수건에다 자신의 상호와 연락처를 기재하여 만나는 사람에게 그 손수건을 선물하는 것도 보았다. 흔한 판촉물이 아니라 만나는 사람에게 작은 선물을 준비한다면 그 만남은 잊히지 않는 강한 인상을 주는 만남이 될 것이다.

협력은 +@를 만든다

협력이란 도움을 주는 것, 도움을 받는 것 두 가지를 의미한다. 세상은 혼자 살 수 없다. 이 말은 누군가의 협력이 필요하고 또한 누군가에게 협력해주는 것을 의미한다. 혼자 어떤 일을 했을 때는 1이지만 협력을 했을 때는 1+1+@가 된다. 일에서나 생활에서 성공적인 삶을 살기 위해서는 주변에 자신을 도와줄 협력자를 많이 만들어야 한다. 주위를 한번 돌아보라. 나에게는 얼마나 많은 협력자가 있는가? 이기적인 사람에게는 협력자가 없다. 자신만 생각하고 다른 사람에게 협력해주지 않는 사람에게 다른 사람도 협력해주기가 만무하다. 그것이 인간관계의 기본이다.

대학 입시 자기소개서 지도를 하다 보면 협력에 관해 쓴 학생들의 많은 사례를 접하게 된다. 고등학생이지만 그들도 협력의 중요성을 충분히 인식하고 있었다. 특히 기억에 남는 사례가 어떤 학생이 적은 것인데, 팀별 활동을 할 때 팀원들이 공부에 바빠서 참여가 저조했는데, 처음엔 혼자 다 하려고 하다가 안 되어 팀원들을 설득해 협력을 얻어 과제를 완수했다는 내용이다. 그러면서 혼자보다는 여럿이 협력하는 것이 일을 훨씬 쉽게 할 수 있으며, 여럿이 할 때는 +@가 생긴다는 것을 느꼈다는 것이다. 그리고 설령 혼자 할 수 있었다 하더라도 혼자 하는 것은 팀원들이 참여하여 경험을 쌓을 기회를 박탈하는 것이라고 느꼈다고 한다. 이 이야기에서 한 가지 주목할 것은 협력은 요청해야 한다는 사실이다. 아무리 친한 관계라 하더라도 그 사람의 현 상황을 모두 알 수는 없다. 그렇기에 협력이 필요할 때는 요청을 하거나 협력해줄 것을 설득하는 과정이 필요하다. '그냥 말 안 해도 알아서 해주겠지'라고 생각해서는 안 된다. 해주기 싫어서가 아니라 상황을 몰라서 못 해줄 수도 있다. 협력은 절대 알아서 해주는 것이 아니다.

협력이란 함께 하는 것이다. 평상시 주위에 좋은 인간관계를 많이 만들어 둔다면 필요할 때 그들로부터 협력을 끌어내기가 수월할 것이다. 물론 협력을 구하기 위한 목적으로 인맥을 만들 수도 있겠지만 필자는 그럴 필요까지는 없다고 생각한다. 좋은 관계를 많이 만들어 두면, 그 사람 중에 내가 필요한 것을 도와줄 사람이 있게 되는 것이다.

성공한 사람은 협력을 잘하는 사람이다. 회사의 소유주 혼자 생산도 하고 경영도 할 수는 없다. 그래서 직원을 뽑고 월급을 주며 그들의 협력으로 회사를 키워나간다. 회사 소유주는 협력을 위해 직원을 채용하지만, 직원은 협력을 위해 취업하는 기회를 얻게 되는 것이다. 그런 이유로 협력이란 서로에게 득이 되는 가치이다. 그런 가치를 얼마나 잘 활용하는가가 그 사람의 성공을 가능하게 하는 척도가 될 수 있다.

김유신 하면 삼국통일의 명장이라고 이야기한다. 하지만 김유신 혼자 삼국을 통일한 것은 아니다. 이름 없는 많은 사람과 함께 한 것이며, 김유신 장군은 그런 사람의 협력을 잘 끌어냈기에 삼국통일의 위업을 달성할 수 있었다. 더불어 사는 세상에서 모든 것을 혼자 하려고 생각하지 말자. 필요하다면 주변에 협력을 구하자. 그러면 어려움을 극복할 수 있을 뿐만 아니라 남에게도 자신에게 도움을 줄 기회를 제공하는 것이 된다. 또한, 자신도 남이 도움을 구하면 협력해주자. 서로 힘을 모아 살아가는 것, 그것이 함께 살아가는 인간의 진정한 모습이다.

제5장
명품 관계의 기초는 좋은 가족 관계로부터

좋은 부모보다는 명품부모가 되자

좋은 부모는 이렇게 말한다.

"너만 잘되면 난 아무래도 좋아."

그리고 자식을 위해 희생한다.

명품 부모는 이렇게 말한다.

"너도 잘되어야 하지만 나도 잘되어야 한다."

그리고는 자신을 위해 투자한다. 자식과 부모가 모두 잘 되는 것이 부모와 자식 간의 명품관계를 만들어준다. 자신의 인생을 돌보지 않고 오로지 자식 잘되기만을 바라서 모든 것을 희생하여 자식이 잘되었다고 한다면, 그것이 잘 된 것이라 말할 수 있을까? 인생의 목표가 오직 자식 잘되는 것에만 국한되는가? 자신의 인생은 없는 것인가? 그것은 자식도 원하지 않는 방식이다. 자식도 잘되고 자신도 잘 되는 것이 부모와 자식 간의 명품 관계이다. 자식을 위해 모든 것을 희생하지 말자. 이 말은 자식의 성공에만 집착해서는 안 된다는 말이다. 명품 부모는 자식이 성공할 기회뿐만 아니라 실패를 할 기회도 주는 부모다.

우리나라 부모에게는 '좋은 부모 콤플렉스'가 있는 것 같다. 다른 부모가 자식에게 해주는 것이 좋은 것 같으면, 경제적으로 무리가 따르더라도 아이의 상황은 어떤지는 생각지도 않고 일단 해주는 것이다. 그것이 부모의 도리라고 생각한다. 아이들의 성장기에 우리나라 부모는 학원 만능주의에 빠진다. 돈을 벌어 자신의 능력을 키우는데 투자하는 대신 돈을 들여 학원에 보내며, 자식이 독학하여 무언가를 성취할 수 있는 기회마저 빼앗어버린다. 독학은 어렵고 시행착오를 겪는 길이다. 학원에 보내는 것이 능사라 할 수 없다. 학원만 보내면 공부를 잘할 것이라는 착각에 빠져 자신에게 투자할 돈을 다 써버리는 것이다. 결과가 좋으면 좋겠지만, 그렇지 않은 경우도 많다. 고생해서 번 돈을 학원에 보태주는 꼴이며, 오히려 자식이 성장기 자신의 재능을 쌓을 수 있는 시간을 날려버리는 결과가 되기도 한다. 학원비로 날리는 대신, 자식에게는 실패할 기회를, 부모에게는 자신의 재능을 키울 수 있는 곳에 투자하는 것이 더 나을 수 있다는 이야기다.

성장기가 지나면 우리나라 부모는 무조건 대학엘 보내려 한다. 이런 교육열이 통하던 시기가 있었다. 좋은 대학만 나오면 취직이 걱정이 없던 고도 성장기가 그때이다. 그때는 대학을 가는 사람보다 가지 않는 사람이 많았기에, 수요와 공급 측면에서 공급이 달렸기에 가능한 이야기였다. 하지만 지금은 너도나도 대학을 가기에 수요보다는 공급이 많다. 그런 와중에 경제도 저성장기에 접어들었기에 대학만 나온다고 해서 먹고사는 문제가 해결되는 것은 아니다. 그런데 아직도 대학이 먹고사는 문제의 만능 열쇠인 양 여긴다. 시대가 바뀌면 부모의 인식도 바뀌어야 하는데, 아직도 의식은 과거 고도성장기에 머물러 있다. 대학 가는 것이 필요 없다는 말이 절대 아니다. 남들이 가니, 보내지 않으면 뒤처질 것 같다는, 그리고 부모는 자식을 꼭 대학에 보내야 한다는 강박관념인 '좋은 부모 콤플렉스'가 문제라는 의미이다.

배움에는 두 가지가 있다. 하나는 성취를 통해 배우는 것이고, 하나는 실패를 통해 배우는 것이다. 우리는 무언가를 이룬 것에만 갈채를 보낸다. 하지만 실패한 것에도 때로는 박수를 보내야 한다. 실패의 쓰라린 경험을 통해 배우는 것이 더 가치 있을 때가 많기 때문이다. 크게 성공한 사람치고 실패의 쓴맛을 경험하지 않은 사람은 드물다. 그리고 에디슨과 링컨의 실패는 유명하다. 그처럼 크든 작든 실패를 하며 그것에서 큰 성공을 이루는 데 발판이 되는 교훈을 얻는 것이다. 그런데 우리가 생각하는 '좋은 부모'는 성취에만 의미를 부여하며 실패할 기회를 뺏어버린다. 자식을 온실 속에 가두어 두고 비, 바람을 맞으며 굵어질 힘줄을 만들 기회 자체를 막아버리는 것이다.

"뭐가 되려고 저러나?"

"왜 좋은 길을 두고 저 길로 가려고 하지?"

그냥 좀 내버려 두라. 실패할 기회를 주라. 그리고 지켜보라. 방치하라는 의미가 아니다. 적당한 실패는 자식에게 약이 된다. 실패를 통해 배우게 하라. 하지만 실패가 습관이 되게 해서는 안 된다. 그것이 방치이다. 실패하는 것이 습관이 되면 아이는 포기하게 되고 좌절하게 된다. 실패했을 때, 일으켜 세우는 것이 아니라 스스로 일어설 수 있도록 격려해주고 도와주는 것이 좋은 부모다. 그것이 명품 부모이다.

소중한 사람에게 시간을 내어주라

사랑이란 말을 많이 쓴다. 꼭 이성 관계가 아니더라도 가족이나 친구, 그리고 소중한 사람에게 이 말을 사용한다. 사랑이란 타는 초와 같다. 촛불을 밝혀 밤에 책을 읽는 것처럼, 사랑이란 불을 밝혀 행복의 길을 찾는다. 그렇기에 촛불이 꺼지지 않게 신경을 써야 한다. 바람을 막아주어야 하고, 초가 다 타버리지 않았는지를 살펴야 한다.

사랑이 없는 삶은 가치가 있을까? 인간은 사회적 동물이라는 말이 있듯이 사회는 관계를 맺고 살아가는 것을 피할 수 없다. 사랑이 없는 관계도 있겠지만, 사랑은 가치 있는 삶을 결정한다. 사랑은 그냥 지속하는 것이 아니라 지켜야 하며, 돌보아야 한다. 아무리 바쁘더라도 사랑을 돌보기 위한 시간을 내어야 한다. 사랑을 다른 말로 하면 소중한 사람을 위해 관심을 가질 시간을 내는 것이라 말할 수 있다.

사랑의 반대말은 미움이 아니라 무관심이다. 그 사람을 위해 시간을 내어주지 않는 것을 의미한다. 사랑하면서도 이별은 할 수 있지만, 무관심하면서 사랑한다고 말할 수는 없다. 찬송가에 이런 구절이 나온다. 한 부자가 잔치를 열어 동네 사람을 초대했는데, 이런저런 핑계를 대고 참석하지 않는다는.

"소도 사야 하고, 장에 가야하고, 논과 밭 사이 할 일은 많아 내 어이 하리 죄송해요."

누구는 사랑하는 사람을 위해 시간을 내고 누구는 그렇지 못한다. 시간을 내는 행위는 곧 소통하는 것을 의미한다. 시간을 내지 못하면 소통 자체를 할 수 없게 되는 것은 당연하다. 필자가 아는 한 사람은 자신이 암에 걸려 수술을 했어도, 그 사실을 아내에게 말하지 않았다고 한다. 아내를 사랑해서 걱정을 끼칠까 해서 이야기를 안 했다고 생각할 수도 있겠지만, 그렇지 않다. 그는 자신의 아내와 소통이 되지 않았기에 말할 필요성을 느끼지 못하였다고 한다. 암 수술은 목숨이 왔다 갔다 하는 굉장히 중요한 수술이다. 그렇게 중요한 이야기도 하지 못할 만큼 소통이 되지 않는 부부를 사랑하는 관계라 말할 수 있을까? 그리고 서로가 살아가는데 바쁘다. 무엇 때문에 바쁘게 살아갈까? 사랑보다 더 큰 가치가 그 바쁜 와중에 숨어있을까?

나에게는 구순이 다 되신 노모가 있다. 노모는 오직 자식에 대한 생각밖에 없다. 나는 따로 어머니에게 효도하지 않는다. 단지 시장에서 콩나물 장사를 하시는 어머니를 아침마다 시장까지 태워준다. 그런 시간을 내는 것이 나의 효도 방식이다. 아내는 항상 어머니를 챙긴다. 어머니는 그런 행위를 사랑으로 받아들인다. 부모를 사랑한다면 관심을 가지는 시간을 내자. 바쁘다는 것은 핑계에 불과하다. 바쁠수록 부모를 찾아뵈는 시간을 만들어야 한다. 일주일 한 번이라도 찾아뵙는 시간을 정하자. 멀리 산다면 일주일에 3~4번 전화라도 하자. 전화하는 시간을 정해놓고 의도적으로 해야지 잊어버리지 않는다. 사랑은 관심이다. 사랑은 시간을 내는 것이다. 자식이 그것을 배운다.

소중할수록 함께 하는 시간이 많아야 한다

관계는 어떤 경우든 시간을 내어주는 것에서 시작한다. 소중한 사람일수록 그 사람과 함께 하는 시간이 많아야 한다. 어쩌면 관계는 시간을 내어주는 것에서 중요도가 결정된다고도 할 수 있다. 그렇기에 사랑하는 사람에게 가장 많은 시간을 내어주어야 하는 것은 당연하다.

인간에게는 살아갈 시간이 한정되어 있다. 그 한정된 시간에 사랑하는 사람과 함께 하는 시간을 낸다는 것은 무엇에 비길 수 없을 정도의 가치를 지닌다. 사랑하는 사람과의 좋은 관계를 원한다면 상대방을 위해 기꺼이 시간을 내어주어야 한다. 현대인은 바쁘다. 무엇 때문인지도 모른 채, 닥친 일에만 허겁지겁하며 주위의 사랑하는 사람을 돌아보지 않는다. 그러는 와중에도 시간은 흘러간다. 사랑하는 사람과 함께 시간을 보내야 함에도 불구하고 그 시간에 다른 일에 몰두한다. 그것이 사랑하는 사람을 위하는 것인 줄 착각한다. 돌아보면 아쉬움으로 남는 시간이다.

둘째 아들이 한 말이 가슴에 못으로 박혔다. 술을 좋아한 나는 매일 주변 사람과 술을 마시며 귀한 시간을 허비했다. 그때는 몰랐다. 그런 시간이 둘째 아들에게는 얼마나 소중한 시간이었는지를. 내가 술을 끊고 난 얼마 뒤에 아들이 말했다.

"아빠가 5년만 일찍 술을 끊었더라면 좋았을 텐데."

그 5년이 아들에게는 그만큼 중요한 시기였는데, 내가 술을 마시느라 시간을 내어주지 않았다는 말로 들렸다. 아들은 지금 다 커버려 굳이 내가 시간을 내어주지 않아도 될 나이가 되어버렸다. 인생을 돌아보니 가장 아쉬운 점이 아들이 나를 필요할 때 내가 시간을 내어주지 않은 것이다. 늦었지만 난 둘째를 위해 몇 년간 시간을 내어주었다. 그리고 우리는 많은 경험을 함께했다. 제주도로 7일간 여행을 갔다 오기도 했고, 오토바이에 아들을 뒤에 태우고 울산에서 서울까지 국도로 왕복하기도 했다. 언젠가는 토요일마다 밀양까지 오토바이에 아들을 태워 계곡으로 가서 수영하기도 했으며, 진해 군항제에 함께 가서 벚꽃을 구경하기도 했다. 그리고 틈만 나면 아들과 울산 근교에 있는 바다로 놀러 갔으며, 함께 영화를 보러 가기도 했다. 그가 내게 말한 "5년만 일찍"이라는 말을 들은 후 행한 것들이다. 늦었다고 생각할 때가 바로 시작할 때이다. 그렇게 둘째와 많은 추억을 남겼다. 아마도 아들은 살면서 힘든 고비가 있을 때마다 나와 함께한 날들을 생각하며 힘을 낼 것이다.

언젠가 둘째와 함께 강변 산책을 하는데 이렇게 말했다.

"언제 우리가 이렇게 친해졌어요. 저는 아빠와는 친할 수 없을 거라고 생각했어요."

가족관계에서 시간을 내어준다는 것은 사랑의 다른 표현이다. 시간을 내어주자 둘째와 나의 관계는 회복된 것이다. 세월은 지나기 마련이고 핑계를 대지 말고 가족을 위해 시간을 내자. 그것이 행복하게 사는 길이다. 가족과 좋은 관계를 맺기 위해서는 시간을 내어주어야 한다.

간섭보다는 도와주는 부모가 되라

인간관계 중에서 가장 중요한 관계는 가족 구성원 사이의 관계이다. 특히 자녀와 부모의 관계는 무엇보다 중요하다. 다른 관계는 싫으면 끊어버릴 수 있지만, 부모와 자식은 그럴 수 없다. 그런데 요즈음 뉴스 보기가 겁이 날 정도이다. 부모가 자식을 죽이거나 자식이 부모를 죽였다는 뉴스를 심심찮게 보기 때문이다.

간섭보다는 도와주는 부모가 돼라. 사랑이라는 이름으로 우리는 얼마나 자녀에게 잔소리하고 비판을 하는가? 큰아들이 태어났을 때 스스로 생각한 것이 있다. '넌 자유다.'라는, 그런 다짐을 어떻게 해서 하게 되었는지 기억은 없지만, 지금껏 그런 생각은 내 무의식에 남아있다. 아들을 자유롭게 키우고 싶었지만, 실질적으로 그렇게 못한 경우가 많았다. 아버지로서 지녀야 할 소양을 갖추지 못한 내 능력의 한계가 그 원인이었다. 그러다 보니 상황에 따라 혼을 내기도 하고 상처를 주기도 했다. 지금 생각하면 정말 미련한 아버지였다.

하지만 큰아들이 태어났을 때 한 다짐은 무의식에 계속 남아있었다. '넌 자유다.'라는 생각 속에는 무관심하겠다는 것이 아니라 아들의 결정을 존중해주고, 잘 되기를 마음으로 바라며, 도움을 줄 수 있는 부분은 도와주겠다는 의미였다. 아들이 선택하게 하고 그 선택에 대한 책임도 아들이 져야 한다고 생각했다. 간섭하고 비판하는 경우도 있었지만, 그런 결심 덕에 다른 아버지보다는 정도가 덜했을 거로 생각한다.

고등학교 2학년에서 3학년 올라갈 때였다.

"아빠, 저 미대 보내주세요."

한 번도 아들을 미대에 보내겠다고 생각해본 적이 없었다. 그리고 미대에 가려면 실기 학원에 다녀야 하고, 그것도 다른 학생은 고1 이전부터 준비하는 것이 대부분이다. 그런데 아무런 준비도 대책도 없이 무작정 미대에 가고 싶다고 말을 하니 처음에는 황당했다. 하지만 난 이유도 물어보지 않았다.

"그래, 알았다."

그렇게 말하고는 미대 입시 학원에 바로 보내주었다. 1년 동안 최선을 다한 아들은 미대에 합격했다.

군대에 다녀와서 큰아들은 대학교를 휴학하고 창업을 했다. 친구 2명과 함께 시작했는데 그의 선택을 존중해주었다. 학교를 마치고 했으면 좋겠다는 생각이 강했지만, 요즈음은 대학을 졸업해도 취업하기 어려운 상황이고, 그것은 아들이 선택할 몫이라 생각했다. 성공하면 좋겠지만, 실패해도 좋았다. 실패하면 그를 통해 값진 교훈을 얻을 것이라 믿었다. 부모에게 한 푼의 지원도 받지 않고 스스로 창업을 한 것이 무척 대견스러웠다. 하지만 자신의 의도대로 일은 잘 풀리지 않았다. 꼬박 3년 넘게 일을 했지만, 수익은 아주 적었다. 그것도 3명이 동업을 했기에 개인이 가져갈 수 있는 월급은 적을 수밖에 없었다. 아들도 점점 나이가 들어 결혼 적령기가 되었고, 동업을 한 3명 중의 한 명이 결혼을 하게 되었다. 그 월급으로 가정을 꾸리기에는 턱없이 적었다. 그들은 회의했고, 결혼할 친구에게 회사를 넘겨주고 둘은 회사를 나왔다. 창업하여 수입이 형편없이 적어도 난 사업을 그만두라는 말을 절대 하지 않았으며, 서울의 비싼 원룸 비와 생활비 일부도 지원해주었다. 그것이 아들을 돕는 것이라 생각했으며, 사업을 그만두고 말고 하는 것은 아들이 결정할 문제였다.

사업을 접은 큰아들이 복학하여 학업을 마칠 것을 기대했으나 아들은 취업하기 위해 노력했다. 하지만 쉽지는 않았다. 걱정은 되었지만 난 전화를 하지 않았다. 취직되면 아들은 기쁜 목소리로 나에게 연락해 올 것을 알았기 때문이다. 취업의 문을 많이 두드렸지만 전부 불합격이었다. 난 아들에게 잘 될 거라는 확신에 찬 말을 해주었을 뿐 어떤 다른 말을 하지 않았다. 그것은 아들 인생에 간섭하지 않겠다는, 아들이 태어났을 때부터 스스로 정한 원칙 때문이었다. 그러다 오늘 취업을 했다는 소식을 알려왔다. 우리 가족 전부는 너무나 기뻤다.

둘째 아들에 대한 나의 다짐은 '그래도 괜찮아.'였다. 실수를 많이 하고 서툰 아들이지만 비판보다는 "그래도 괜찮아."라고 많이 말해주었다. 비판으로 성장기에는 많은 상처를 주었지만, 어느 순간 이렇게 말해주자고 결심한 이후에는 특별한 일이 아니고는 그래도 괜찮다고 하며 넘어가 주었다.

아직 아버지 역할은 끝나지 않았다. 두 아들은 모두 20대이고 아버지로서 살아가야 할 시간은 특별히 불행한 상황이 발생하지 않는 한 아직도 많이 남아있다. 그리고 앞으로도 간섭보다는 도와주는 아버지로 살고 싶다.

잔소리와 비판은 결코 아이를 변화시킬 수 없다. 간섭하는 것이 처음에는 효과를 발휘할 수도 있겠지만, 장기적으로 본다면 아이의 실패할 기회를 빼앗는 것이 된다. 대신 칭찬을 많이 해주고 믿어주어야 한다. 나는 앞으로도 아이들의 칭찬 발견자가 되어 끊임없이 칭찬해주고 싶다. 칭찬해주는 것은 잘한다고 인정해주는 것이다. 부모 자식 사이에서 가장 바람직한 관계는 서로를 인정해주는 것으로 생각한다. 사람에게는 인정받고자 하는 본능이 있다.

잔소리와 비판을 하며 간섭하는 관계보다는, 인정해주고 도와주는 아버지로 앞으로도 그렇게 살고 싶다.

명품부부를 만드는 행복 십계명

부부 관계는 인간관계 중에서 가장 기초적이며, 중요한 관계이다. 우리는 흔히 행복을 지킨다는 말을 쓴다. 이 말은 행복은 노력이 없이는 지켜지지 않는다는 것을 의미한다. 그 '지킨다'라는 말이 무엇을 의미하는지 알고 노력해야 지켜지는 것이다. 필자는 결혼한 지가 30년 가까이 된다. 행복한 부부가 되기 위해서는 지켜야 할 것들이 많이 있음을 느꼈다. 그중에서 부부 생활에서 지켜야 할 것에 대해 다음 몇 가지로 정리해 보았다. 그렇기에 다음 서술하는 몇 가지를 지키면 명품 부부 사이가 될 것이라 믿는다. 또한, 부부 사이의 관계는 모든 인간관계의 기초가 된다. 기초가 튼튼하지 못하면 사회의 인간관계도 원활할 수가 없다. 기초가 튼튼하지 않은 건축물은 부실 건물이 되는 이치와 같다. 명품 부부가 되기 위해서는

첫째, 상대방에게 예의를 갖추고 존중해 주어야 한다. 개인은 누구나 존

중받아야 하는 존재이다. 특히 부부는 상대방을 존중해줄 때 행복해진다. 부부는 세상에서 가장 가까운 관계이다 보니 서로를 막 대하는 경우가 생긴다. 하지만 절대 막 대해서는 안 된다. 가능하면 존댓말을 쓰는 것이 막 대하는 것을 막을 수 있는 방법이다. 부부간에 존대하면 예의를 지키게 되어 자녀 교육에도 효과적이다. 존댓말을 하는 것이 습관이 되면 부부 싸움도 존댓말로 하게 된다. 서로를 존중하며 하는 싸움은 그만큼 덜 공격적이라 상처를 적게 주며 관계 회복도 빨리 시켜준다. 사람은 아내, 남편이기 이전에 자연인으로서 존중받을 권리를 가지고 태어난 존재이다. 더구나 부부 사이에는 소중한 배우자이기에 더욱더 귀하게 상대방으로부터 존중받아야 한다. 돈이나 지식이 없는 배우자와는 살아도 예의 없는 배우자와는 살기 어렵다.

둘째, 어떤 경우라도 상스러운 욕을 하거나 주먹을 휘둘러서는 안 된다. 살다 보면 갈등이 생기지 않을 수 없다. 그때 화가 나는 것은 당연하다. 그 화를 잘 다스리면 갈등이 풀리며 전화위복의 기회가 된다. 비 온 뒤에 땅이 굳는다는 말도 있지 않은가? 폭력은 서로에게 상처를 주어 되돌릴 수 없는 부부 관계로 만들 수 있다. 또한, 인간 누구도 폭력을 행사할 권리가 없으며, 그것은 범죄이다. 범죄가 일어나는 관계가 지속할 리 만무하다. 부부의 폭력은 가정을 깨뜨리는 가장 쉬운 방법이며, 자녀에게도 돌이킬 수 없는 상처가 된다.

셋째, 부부싸움 수습 공식, 사과하면 거절해서는 안 된다. 부부싸움은 어느 부부든 피할 수 없다. 그렇다면 수습이 중요하다. 싸울 때는 화가 치민다. 화는 뇌의 화학반응으로 일어난다. 그런데 그 화학반응은 오래 가지 않는다. 그런데 자꾸 되새김질하여 반응을 지속하려는 성질이 있다. 화의 화학반응이 식어갈 때 되새김질하지 않는 것이 중요하다. 그러려면 부부 간의 화해 공식을 만들어야 한다. 누군가 먼저 사과하면 그것을 거절해서는 안 된다. 화가 덜 풀리더라도 일단은 받아주어야 한다. 그다음은 시간이 해결해준다.

넷째, 상대방을 인정하라. 사람에게는 장단점이 있다. 부부 사이는 단점을 채워주는 관계가 되어야 한다. 좋은 것을 마다할 사람은 없다. 하지만 부부라면 싫은 것도 좋아해 주어야 한다. 그것이 상대방을 인정하는 것이다. 인정하지 않으면 잔소리를 하게 되고 그것이 불화의 불씨가 된다. 인정하지 않으면 상대를 고치려고 하게 된다. 하지만 쉽게 고쳐지지 않는다. 그러면 인정해주면 된다. 물론 상황에 따라서는 인정할 수 없는 것도 있을 것이다. 그것은 얼마 되지 않는다. 대부분은 인정할 수 있는 것들이다. 그것이 치명적인 것이 아니라면 인정해주자. 치명적이라면 이혼을 하든지, 이혼하지 않으려면 인정해주자. 인정해주면 서로가 편해진다. 어쩌면 부부 관계는 인정해주는 과정이라 말할 수도 있다. 돕는 배필이라는 말이 있다. 부부는 상대방의 약점을 채워주는 관계이다. 그것은 단점을 지적하는 것을 의미하지는 않는다. 그 단점을 극복할 수 있도록 도와주는 관계이다.

다섯째, 상대방에게 감사하는 마음을 가지자. 부부는 수십억 명의 사람 중 단 한 명을 선택해야 할 때, 나를 선택해준 사람이다. 얼마나 감사한 일인가? 살아가면서 이런 마음을 잃어버리지 말아야 하며, 범사에 감사하는 마음을 가져야 한다. 나를 위해 마음을 써주고 걱정하며 잘 되기를 바라는 이 세상에서 가장 가까운 사이가 아닌가? 그렇기에 감사하는 마음을 지녀야 한다. 세상에는 당연한 것은 하나도 없다. 나를 위해 해주는 것들에 대해 당연하다고 생각하지 말고 감사하다고 생각해야 한다. 감사하는 마음을 가지면 나도 상대방도 모두 행복한 감정을 지닐 수 있게 된다.

여섯째, 대화를 많이 해야 한다. 대화가 없는 부부 관계는 지옥이다. 대화는 서로 관심의 표명이다. 어쩌면 부부관계는 대화하는 관계라고까지 말할 수 있다. 시시콜콜한 이야기에서부터 중요한 일까지 모두 대화를 하므로 관계는 깊어진다. 대화가 부족하다고 느껴지면 의도적으로라도 대화하는 시간을 만들어야 한다. 그 시간은 없는 시간이라고 생각하고 오로지 하루나 한 주에 일정 시간은 대화하는 시간으로 정하자. 대화하면서 맞장구를 치고 편을 들어주면 세상에 정말 내 편이 이 사람이구나 하는 생각을 가지게 된다. 그러면 행복해진다. 대화 없는 행복은 결코 있을 수 없다. 부부 사이에는 보이지 않는 핏줄이 연결되어 있다. 대화는 그런 핏줄에 피를 통하게 한다. 대화가 없는 부부는 그 핏줄에 피가 흐르지 않는 것과 같다. 피가 흐르지 않으면 핏줄은 막히게 되고 결국은 단절된다.

일곱째, 감탄을 자주 해야 한다. 아내든 남편이든 상대방을 위해 하는 일이 많다. 때에 따라 다르겠지만 작은 것에도 감탄하면, 그 감탄하는 상황을 만들기 위해서라도 서로에게 잘하게 된다. 감탄이란 삶의 윤활유 같은 것이다. 윤활유 없이는 차가 굴러가지 않는다. 작은 일에도 감탄해주면, 감탄할 일이 자주 생긴다. 감탄보다 더 좋은 동기부여는 없다. 동기부여는 또 다른 감탄할 일을 만들어 준다. 감탄할 일이 많이 생기면, 정신적 물질적으로 풍요로워진다.

여덟째, 스킨십을 자주 하라. 스킨십을 하게 되면 뇌에서 행복 호르몬이 분출이 된다. 안는다는 것은 사랑한다고 몸이 말을 하는 것이다. 두 팔을 벌리고 지을 수 있는 가장 큰 웃음을 지으며 서로를 안아주자. 그것은 삶에 활력을 불러일으키는 에너지를 생성하게 한다. 살아가는 과정에서 많은 부정적인 상황에 맞닥뜨린다. 스킨십으로 얻어지는 에너지는 부정적인 상황을 이겨낼 수 있게 만드는 회복 탄력성을 키워준다. 안는다는 것은 든든한 내 편이 있음을 느끼는 것이다. 그것은 존재감을 가지게 하여 세상을 살아가는데 필요한 자신감을 느끼게 해준다. 부부란 마주보기도 하지만 같은 방향을 보고 힘든 세상과 맞서 싸우는 동지이다. 스킨십을 통해 가슴에 충전된 힘으로 극복하지 못할 어려움은 없다. 그것이 사랑의 힘이다.

아홉째, 밖에서 자주 만나라. 집에서 보는 것과 밖에서 보는 것은 다르다. 가능하면 일주일에 한 번이라도 밖에서 만나 식사도 하고 드라이브도 해라. 그것은 큰 경비를 필요로 하지 않는다. 다만 시간이 필요할 뿐이다. 물론 계획을 잡아 여행을 가는 것도 좋다. 고인 물은 썩는다. 밖에서 만나는 것은 고인 물을 터주는 역할을 한다. 집에 있을 때는 편한 복장을 하지만 밖에 나가면 외출복을 입는다. 필자는 밖에서 보는 아내에게 가끔 놀라곤 한다. 집에서는 보이지 않던 멋지고 우아한 모습을 볼 수 있기 때문이다. 그뿐만 아니라 함께 드라이브하는 차 속에서는 서로에게 집중하게 되고 대화를 나누는 과정에서 더 서로를 이해하게 된다. 그리고 함께 간 곳은 추억으로 남는다.

열 번째, 과거의 상처에서 배우라. 부부생활을 하다 보면 서로에게 상처를 주기도 하고 받기도 한다. 그런데 과거의 상처를 다시 현실로 불러내어 화근을 만들기도 한다. 그것은 정말 미련한 일이다. 과거의 상처가 현재에 영향을 미쳐서는 안 된다. 맑은 연못 밑에는 침적된 펄이 있기 마련이다. 비가 많이 오면 맑은 연못이 흙탕물이 되기도 한다. 그것은 연못 밑의 펄을 퍼 올려 물을 혼탁하게 만들기 때문이다. 과거의 상처를 현실에 불러오는 것은 그런 펄을 퍼 올려 현실을 혼탁하게 만드는 것과 같다. 지난 것은 침적된 채로 묻어두고 물이 맑은 상태로 유지하는 것도 지혜이다. 그것이 가정을 평화롭게 한다.

난 지금의 아내와 재혼했다

객관적으로 되어 바라보라. 주관과 객관이 있다. 사람의 행동은 주관적인 생각에서 나올 수밖에 없다. 하지만 한 번씩 객관적인 시각에서 자신을 바라보는 것이 필요하다. 특히 관계에 있어 불협화음이 생겼다면, 자기 합리화보다는 자신을 객관화하여 바라보면 주관적인 관점에서는 볼 수 없었던 나를 볼 수가 있다.

배우자는 자신에게 특별한 사람이다. 요즈음은 이혼하는 가정이 많다. 서로 사랑하여 결혼하지만 여러 가지 요인으로 이혼을 한다. 그 여러 가지 요인 중에 대표적인 것이 서로에 대한 이해 부족이다. 이해를 못 하기 때문에 상대방을 자신에게 맞게 고치려 하는 것이다. 그렇게 해서는 관계가 호전되기 어렵다. 상대방을 바꾸기는 정말 어렵다. 그것보다 쉬운 방법이 나를 바꾸는 것이다. 상대를 바꾸려 말고 나를 바꾸자. 다이어트를 해본 경험이 있는 사람이라면, 살을 빼기가 쉽지가 않음을 느낄 것이다. 스스로 느끼고 자신의 변화를 시도하기도 쉽지가 않은데, 나와 맞지 않는 상대의 부분을 고치려 하는 것은 더 어렵지 않겠는가? 부부 사이에서 많은 갈등은 나와 맞지 않는 것에서 시작한다. 그런데 생각해보면 맞지 않는 것은 당연한 일이다. 서로 다른 환경에서 서로 다른 생각을 가지고 살아온 사람이 결혼과 동시에 다른 부분 없이 꼭 맞기를 원한다는 것은 논리상으로도 맞지 않는다. 상대방과 다른 부분을 나에게 맞게 고치기를 바라지 말고, 상대방에게 맞게 나를 바꾸자. 쉽지 않겠지만 상대방을 바꾸는 것보다는 쉽다. 그렇게 한다면 기꺼이 상대도 나와 맞지 않는 부분을 스스로 나에게 맞게 바꾸려 할 것이다.

아내는 원칙주의자이다. 내가 조금만 아내의 원칙에서 벗어나면 잔소리를 했다. 그 잔소리 때문에 우리 부부는 많이 싸웠다. 어느 순간 아내의 잔소리는 답이 없다는 생각이 들었다. 결국, 아내의 잔소리가 듣기 싫어 이혼하자는 말을 했다.

"이때까지 당신 잔소리를 들으며 살아왔다. 정말 그 잔소리 지긋지긋하다. 이제까지는 당신 잔소리 견디며 살아왔지만, 남은 내 인생마저 당신의 잔소리를 듣고 스트레스 받으며 살고 싶지 않다. 더 이상 당신 잔소리 듣기가 싫다. 이혼하자."

그러자 아내는

"좋게 아무리 이야기를 해도 당신이 바뀌지 않으니 했던 이야기를 또 하게 되는 겁니다. 내가 원하는 것을 당신이 들어주면 잔소리할 필요도 없지 않나요?"

나에겐 술이 과한 것이 문제였다. 그 때문에 아내는 신혼 때부터 잔소리를 심하게 했다. 총각 때부터 난 술을 좋아했고, 내 주변에는 술을 좋아하는 친구들이 많았다. 그리고 아내는 내가 술을 좋아하는 것을 알고 결혼했다. 결혼 전에는 이해해주던 것이 결혼하고 난 뒤에 그것을 받아들이지 못하는 것은 아내의 가식이라 생각했고, 나를 이해하지 못하는 사람에게 속아서 결혼했다는 생각까지 들었다. 아내가 아무리 잔소리를 해도 난 계속 술을 마셨다. 잔소리하면 할수록 술을 더 마셨다. 집에 있다가도 아내가 잔소리를 시작하려 하면 밖에 나가 술을 마시고 들어와서 취해서 잠을 잤다.

우리는 처음부터 서로가 상대를 고치려 했다. 그렇게 했기에 답이 없었다. 계속 말이 공전하였고 어느 순간부터 대화하는 것조차 부담스러워 서로를 피하게 되었다. 나는 아내가 일어나기 전 새벽에 집을 나왔고, 저녁에는 술을 마시고 아내가 잠을 잘 때를 기다렸다가 집에 가기도 했다. 아내 또한, 내가 나갈 때 자는 척을 했으며, 내가 들어갈 때도 그러했으리라. 서로가 대화하면 싸움으로 이어지니 그런 식으로 서로를 피한 것이다. 그런 세월이 오랫동안 계속되다 보니 서로가 지치게 되었다. 우리 부부는 술과 잔소리가 문제였지만, 이혼하는 다른 많은 부부는 우리와는 또 다른 문제로 이혼을 할 것이다. 부부 사이는 남들이 모른다고 한다. 그들만의 특별한 문제가 있는 것이다.

아내와 나의 전쟁은 진절머리가 나게 계속되었다. 그러다 보니 내가 먼저 아내에게 이혼하자는 말을 하게 된 것이다. 그러던 어느 날. 나를 객관화하여 보았다. 이제까지 당연시했던 술 마시는 것이 잘못된 것일 수도 있다는 생각이 들었다. 그러자 아내의 입장이 충분히 이해되었다. 그리고 내가 바뀌지 않고 이제껏 아내를 바꾸려 했던 자신이 정말 미련해 보이기 시작했다. 그러면서 생각한 것이 '아내를 바꾸기보다는 나를 바꾸자.'였다.

그리고 30년 넘게 마시던 술을 끊었다. 그러자 아내의 잔소리도 줄어들었다. 그리고 대화가 되었다. 대화가 되니 그렇게 지겹던 아내의 이야기가 그렇게 재미있을 수가 없었다. 그리고 아내와 새로운 관계를 형성하여 잘 지내고 있다.

"나는 당신과 재혼했어요."

라는 말을 아내가 했다. 그건 나도 마찬가지다. 이혼까지 생각했기에 우리는 재혼한 것이 된 것이다. 오늘 아침 아내가 말을 했다.

"아침 운동하러 갔다가 아주머니 한 분을 만났는데, 그분은 빌딩을 가지고 있을 만큼 부자라고 하더군요. 그런데 그분은 남편과 소통이 되지 않는다고 했어요. 과거의 우리처럼. 그분의 소원은 남편과 말이 통하는 거라 하더군요. 그때 저는 자신 있게 말했죠. 우리 부부는 말이 통한다고, 그리고 우리가 사는 이야기를 들려주었어요. 그러자 그분은 돈은 자신이 많이 가졌는데, 오히려 내가 가진 것이 많은 것 같다고 부러워했어요. 그것이 다 당신과 말이 통한 덕분입니다. 당신과 말이 통하니 정말 열 부자가 부럽지 않아요. 지금 죽어도 한이 없어요."

나는 바뀌지 않고 상대를 바꾸려 한다면 그것은 불가능에 가까운 일이 된다. 먼저 상대가 원하는 것을 해주라. 그러면 상대도 당신에게 원하는 것을 해줄 것이다.

인간관계에서 생긴 문제를 해결하기 위해서는 먼저 자기 생각을 접고 객관적인 시각에서 그 관계를 바라보는 것이 필요하다. 그리고 상대방을 바꾸기보다는 자신부터 바꾸는 시도를 해보라. 그러면 틀림없이 상대방도 바뀌게 될 것이다.

경제공동체와 가족 관계 사이의 두 가지 측면

부모와 자식의 경제공동체

나는 아들만 두 명이다. 모두 장성하여 결혼할 나이가 되었다. 며느리가 생긴다는 의미는 나에게는 새로운 가족이 들어온다는 의미로 다가온다. 하지만 이것은 아버지로서의 바람일 뿐이다. 아들 부부는 새로운 가족이 되어 험한 세상을 동지로 살아가야 한다. 그러니 둘은 경제 공동체, 감정 공동체가 될 수밖에 없다. 그렇게 되면 30년 가까이 다져진 아들과의 결속력은 그만큼 느슨해질 것이다. 그리고 그것은 당연한 일이다. 왜냐하면 그들도 아이를 낳고 부모가 되어 그들의 사랑과 책임을 다해야 하기 때문이다.

부모는 자식의 결혼에 대해 축복할 일로 받아들인다. 그리고 경제공동체에 대한 분리는 당연하다고 생각한다. 결혼하지 않고 독립을 하는 경우도 요즈음에는 많다. 부모에게는 자식의 독립은 경제적 독립이라는 것에 의미가 크다. 왜냐하면 자식이 결혼할 즈음이 되면 부모는 돈을 버는 일이 버겁게 여겨질 나이가 되기 때문이다. 여기까지는 평범한 이야기이다.

하지만 주변에서 들려오는 이야기나 신문에 실린 기사들은 평범하지가 않다. 자식 사이의 재산 분쟁이 법적인 소송으로 가는 경우가 많기 때문이다. 성장기에는 같은 편이었던 형제가 결혼을 포함한 독립 이후에는 부모 재산을 두고 서로 적이 되는 경우이다. 이런 경우가 생기지 않으려면 부모와 자식 간의 경제에 대한 관계 형성이 중요하다.

어릴 때부터 부모는 자식에게 공평하게 대해야 한다. 골고루 사랑을 나누어주고, 교육의 기회 등 부모가 자식에게 베푸는 혜택이 자식이 차별받지 않는다는 느낌이 들도록 해야 한다. 그리고 이후에도 재산에 대해서만큼은 자식들이 이해할 수준으로 나누어주는 것이 필요하다. 죽기 전에 정리해둔다면 자식들 사이에 원수가 지는 것을 막을 수가 있다. 노년기의 삶은 언제 어떻게 될지 모른다. 미리 대비해놓지 않는다면, 자식이 불행해질 수 있다. 재산 분할 때문에 자식이 원수가 된다면 얼마나 허무한 인생이 될까?

아무리 형제애가 두텁다고 하더라도 결혼이라는 것은 형제 아닌 다른 사람과 경제 공동체를 형성하기에 상황은 달라진다. 형제는 정으로 이어진다고는 하지만, 배우자는 오랫동안 끈끈하게 이어진 정이 현실적으로는 없다. 그러니 형제가 아무리 성장기에 친했다고 하더라도 분쟁의 소지는 항상 있게 되는 것이다.

형제 관계의 경제공동체

나이가 들면 형제는 각자 독립을 하여 살아가는 것이 자연스러운 일이다. 독립이라는 개념은 정신적, 물리적으로 분리되어 각자 살아가는 것을 의미한다. 하지만 물리적인 분할은 눈에 보이는 것이기에 명확하지만 정신적인 분할은 명확하지가 않다. 명확하지 않은 정신적인 분할로 형제가 잘살면 도와주기를 바라기도 한다. 한 사람이 다른 형제에게 도움을 요청했는데 거절을 당하면 섭섭해 한다. 그것은 경제공동체의 구분이 분명하게 분리되었다는 것을 이해하지 못한 결과다. 부모 밑에 있을 때 형제는 경제공동체였다. 부모가 벌어들인 돈으로 혜택을 받았기 때문이다. 하지만 독립은 부모로부터 각자 새로운 분할을 한 것이기 때문에 더 이상 경제공동체가 아니다. 그런데 독립을 했다고는 하지만 경제공동체의 잔재가 아직 형제에게 남아있기 때문에 거절을 당하면 섭섭해 하는 것이다.

물론 남도 도와주는데 형제를 도와주는 것은 당연하다고 생각할지 모른다. 하지만 그것은 절대 당연하지 않다. 당연하다고 생각하기 때문에 섭섭해지는 것이다. 형제라도 각자의 상황은 세세하게 알지 못한다. 더구나 요즈음 같이 경제 상황이 어려울 때는 들어가야 할 곳은 많고 수입은 팍팍하다. 자신도 어려운 입장에서 형제가 도움을 요청한다면 고민이 될 수밖에 없고 형편이 되지 않거나 기타 사정으로 거절할 수도 있는 것이다. 그것은 당연한 일이다. 그런데 그런 당연한 일로 인해 형이, 동생이 어떻게 내 부탁을 거절할 수가 있는가? 하고 당연하지 않은 분개를 한다. 물리적인 독립은 되었지만, 정신적인 독립이 되지 못한 탓이다.

서로 돕고 살아간다면 얼마나 좋겠는가? 그렇게 살아가는 사람도 많다. 하지만 그것은 그럴 형편이 될 때의 이야기다. 그리고 형편이 되어도 그렇게 하지 않는 사람도 많다. 인간의 욕심은 끝이 없기 때문이기도 하지만, 거절하는 사람의 입장에서 본다면 자신의 경제공동체인 가족이 우선이 되기 때문이다. 더 이상 형제는 예전 부모 밑에서의 경제공동체의 일원이 아닌 게 되는 것이다. 그것을 이해하고 인정해야 섭섭함이 생기지 않고, 서로 간에 불행한 일을 막을 수 있다.

사랑에도 적당한 거리가 필요하다

"사랑한다"는 말은 좋은 말이다. "조건 없는 사랑"도 아주 좋은 말이다. 하지만 좋기만 할까? 과도한 사랑은 오히려 역효과를 낸다. 얼마 전 텔레비전을 보는데 L 부부가 나왔다. L은 아들을 굉장히 사랑한다고 말했다. 그의 부자 관계가 좋다는 것을 간접적으로 말하기 위함일 것이다. 하지만 다음 말에 충격을 받았다.

"아들이 원하는 것이면 무엇이든지 다 해준다. 나중에 결혼하면 신혼여행까지 따라가서 함께 추억을 만들고 싶다."

이야기를 듣는 순간 '며느리는?' 하는 생각이 들었다. 아들은 몰라도 며느리까지 그것을 좋아할까? 자신의 기준에서 사랑을 베푸는 것은 좋다. 하지만 그것은 상대방의 입장을 고려할 때다. 그렇지 않으면 상대방에게는 사랑이 아니라 부담이 되는 것이다. 부담이 되지 않게 하려면 적당한 거리가 필요하다. 사랑하는 사람끼리는 눈빛만 봐도 그 마음을 알 수가 있다. 그런데 자식을 사랑한다는 이유로 모든 걸 다 해준다고 하는 것은 자식에게 필요한 자생력을 저하하는 것은 물론 간섭으로 받아들여질 수 있다. 사랑이 간섭으로 받아들여진다면 그때부터 벽이 생기게 되는 것이다.

결혼하지 않은 자식에 결혼 왜 안 하느냐고 묻는 것. 취직 못 한 자녀에게 취직하라고 강요하는 것. 물론 걱정이 되는 것은 당연하다. 하지만 어떻게 반응하느냐에 따라 관심이 되고 간섭이 되며, 심하게는 '또 그 소리'라고 생각하게 한다. '또, 그 소리'라는 생각은 보이지 않는 귀마개를 자식의 귀에 꽂는 것이 되고 만다. 귀만 아니라 부모에게 열린 대화의 문조차 닫게 만들어버린다. 대화는 핏줄과 같다. 핏줄이 막혀버리면 관계라는 몸은 병에 걸리게 된다. 한번 병에 걸린 불소통의 병은 회복하기가 쉽지 않다.

성장한 자녀는 자신만의 생각을 갖고 있다. 그런 자녀에게 자기 생각을 주입하려는 순간부터 관계에 벽이 만들어진다. 사랑을 무작정 감정에만 의존해서는 안 된다. 그렇기에 사랑에도 지혜가 필요하다. 지혜롭게 사랑하는 방법이 바로 일정한 거리를 두는 것이다. 절대 무관심하라는 이야기가 아니다. 믿음의 거리를 만들라는 것이다. 그 거리 양옆에는 꽃이 피어 있다. 그렇기에 사랑은 더욱더 향기로울 수 있는 것이다.

며느리와 좋은 관계를 맺는 방법

아들에게 애인이 생겼다. 얼마나 좋은 일인가. 아들이 태어날 때 이 아이는 어떤 사람과 결혼을 할까 상상했는데, 그 장면을 보게 된다는 것은 아버지로서 정말 감개무량한 일이다. 예비 며느리도 처음으로 시부모란 것을 경험할 것이고 우리도 처음으로 며느리를 경험하게 된다. 살아오면서 많은 시행착오를 겪었지만, 며느리를 받아들이는 데에는 실패하고 싶지가 않다.

많은 부모들이 며느리를 맞으면 자식처럼 생각하겠다고 말한다. 하지만 많은 며느리가 시부모와의 갈등 때문에 불행한 삶을 살아간다. 심지어는 '시'란 글자조차 싫어한다고 한다. 며느리는 결코 자식일 수가 없다는 것을 먼저 인정해야 한다. 자식 이상의 손님으로 받아들여야 한다. 자식에게는 섭섭할 수도 있는 일도 며느리에게는 섭섭해 하면 안 된다. 무엇도 바라서는 안 되며, 무엇이나 며느리 입장에서 생각하며 이해해주어야 한다. 그런 마음 자세가 되어있지 않으면 절대 관계가 좋아질 수 없으며, 행복해질 수 없다고 생각한다.

부모는 자식의 행복이 큰 가치가 된다. 자식이 행복하지 않으면 부모도 행복할 수 없다. 부모가 행복해지기 위해서라도 자식을 행복하게 해주어야 한다. 그런데 며느리가 행복하지 않은데 자식이 행복할 리 만무하다. 물론 시부모가 해주는 것에는 한계가 있다. 아이 부부의 문제는 그들의 몫이다. 하지만 시부모도 해야 할 역할이 있다. 그것은 사랑해주는 것이다. 사랑에는 조건이 붙어서는 안 된다. 자식을 사랑하는 마음 이상으로 며느리를 사랑해주어야, 며느리를 사랑하는 마음이 자식을 사랑하는 마음을 따라갈 수 있다.

며느리는 타인이다. 그렇기에 예의를 지켜야 한다. 너무 예의만 따지면 관계가 가까워지기 어려운 상황이 될 수도 있다. 그렇더라도 예의를 지키며 사랑해주어야 한다. 그래서 몇 가지 수칙을 정하기로 한다.

며느리를 사랑하는 10가지 방법

첫째, 며느리의 입장에서 생각하며 이해해주자.
둘째, 무조건적인 사랑을 베풀자.
셋째, 아무것도 바라지 말자.
넷째, 인간으로서 예의를 지키자.
다섯째, 아들보다는 며느리의 편을 들어주자.

여섯째, 간섭하지 말자.

일곱째, 그들의 삶을 존중해주자.

여덟째, 아들의 행복을 위해, 먼저 며느리를 행복하게 해주자.

아홉째, 며느리는 다른 가정의 귀한 자식임을 항상 생각하자.

열째, 가르치려하지 말고 인정해주자.

며느리는 사랑하는 내 아들을 선택해준 고마운 사람이다. 내 아들에게 자신의 인생을 거는 사람이다. 그런 이유 하나만으로도 감사하기에 충분하다.

제6장
조개의 상처가 진주를 만든다

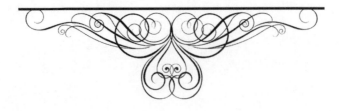

우물에 함부로 침 뱉지 말자

예전에 안 좋은 관계가 생기거나 불편한 곳이 생기면 그 사람과 관계를 끊거나 불편한 곳으로 가는 발걸음을 멈추었다. 그리고는 혼잣말로 이렇게 말했다.

"내가 한번 침 뱉은 우물물은 다시 마시지 않는다."

사업할 때 섭섭하게 만든 사람은 다시 만나지 않았으며, 친구와의 관계도 마찬가지였다. 오프라인에서뿐만 아니라 온라인에서도 이런 생각을 가지고 행동했다. 상대방에서 화해를 구해도

"침 뱉은 물을 왜 다시 마셔."

사회에서 만난 친구 한 명이 있다. 가수이자 작곡가였는데 그의 열정에 반해 그가 대장이 되어 행하는 모임에서 함께 활동한 적이 있었다. 그는 동요를 만들어 아이에게 부르게 하는 일을 했다. 그의 실력과 열정은 대단했다. 그 열정에 반해 그 모임에 참여하여 아이에게 동시 지도를 하였

다. 그리고 그가 만든 다른 모임인 '동행'이라는 모임에도 가입하여 함께 했다. 그런데 그 모임의 밴드에 글을 한 편 남겼는데, 그 글에 대한 그의 답변에 상당히 기분이 상하여 그 모임과 밴드를 탈퇴하였다. 몇 년간의 그와 내가 함께 한 일이 단절되어버렸다. 그때에도 난

"침 뱉은 물을 왜 다시 마셔."

라는 말을 뱉었다.

동네 목욕탕에 3년 정도를 월 목욕 티켓을 끊어 다녔다. 카운터에 있는 직원도 잘 알고 서로 인사도 하며 지냈는데, 몇 달 전 어느 날 목욕을 하러 가니 월 티켓 유효기간이 끝났다고 들어갈 수 없다고 말했다.

"오늘 돈을 안 가져왔으니 내일 돈 가져와서 오늘 날짜로 끊고 좀 들어가면 안 될까요?"

라고 물었더니,

"전산 시스템상 안 됩니다."

딱 잘라 거절했다. 한순간 섭섭한 생각이 들었다. '모르는 사이도 아니고 3년 넘게 월 티켓을 끊어 다닌 단골 목욕탕인데 너무한 것 아닌가?'라는 생각이 들자 화가 나기 시작했다. '장사가 잘되니 이제 단골도 몰라보고, 손님 너무 박대하는 것 아닌가?' 화가 나니 별의별 생각이 다 들었다. 그리고는 아무 소리도 안 하고 돌아서 나왔다. 돌아서 나오면서 '다시는 오나 봐라.'라는 생각을 하였다.

"당신 목욕 간다고 하더니 왜 그냥 왔어요?"

집에 오니 아내가 물었다. 사정을 이야기하고

"그 집엔 다시 안 가. 침 뱉었어."

많은 관계가 그런 식이었다. 하지만 오늘 아침 한파로 수돗물이 얼었다.

몸이 근질거려 씻고 싶다는 생각이 간절하여, 목욕탕엘 가고 싶었다. 동네에서 제일 괜찮은 곳이 침 뱉은 목욕탕이었기에 그곳엘 가고 싶다는 생각이 들었지만, 고민 끝에 가지 않고 다른 목욕탕엘 갔다. 새롭게 간 그 목욕탕은 시설이 형편이 없었고 돈도 기존에 가던 목욕탕과 똑같다. 순간 '한번 침 뱉은 우물물은 다시 마시지 않겠다.'라는 생각이 과연 바른 판단인가 하는 회의가 들기 시작했다. 모든 것에는 좋은 점과 나쁜 점이 있기 마련인데, 난 좋은 것은 보지 않고 나쁜 것만 보고 침을 뱉었다고 생각한 것은 아닌가 하는.

이제껏 내가 침 뱉은 것에 대해 하나하나 돌이켜 생각해보았다. 그중에는 좋은 사람들도 많았는데, 단지 기분이 상했다는 이유 하나만으로 관계를 끊은 일도 많았다. 그중에는 나의 섣부른 판단으로 관계가 깨어졌지만, 자존심 문제로 먼저 화해의 손길을 내밀지 못한 일도 있었다. 물론 나와 성격과 환경 등 많은 부분이 맞지 않은 것은 할 수가 없는 일이다. 하지만 그렇지 않고 숱한 세월을 교류하다 하나의 일로 상처를 받아 관계가 깨어진 것들에 대해서는 아주 아쉬웠다.

새로운 관계를 만드는 일도 좋지만, 기존의 관계를 잘 유지하는 것은 더 중요하다고 생각했다. 그리고 예전에 침을 뱉었지만, 관계회복이 가능한 사람이나 장소에 대해 다시 한번 생각을 해보기로 했다. 또한, '한번 침 뱉은 우물물은 다시 마시지 않는다.'라는 내 생각도 고쳐먹기로 했다. 우물에 침을 뱉는 행위 자체가 나쁜 것이다. 그리고 침의 양에 비해 우물물은 비교할 수 없을 정도로 많기에 내가 뱉은 침은 금세 희석되어 우물은 전혀 영향을 받지 않는다. 내가 상처를 받거나 기분이 나쁜 일이 상대방은 대수롭지 않은 일에 불과하다는 말이다. 우물은 괜찮은데 '침을 뱉었다.'

는 생각만 내 머릿속에 머물러 있을 뿐이기에 나를 향해 침을 뱉은 것과 다를 바가 없다는 생각이 들었다. 한 마디로 나만 손해라는 말이다.

사람과 사람이 만나는 것을 인연이라고 말한다. 꼭 이해타산을 따지지 않더라도 인연이란 소중하다. 한 사람이 내 앞에 있는 것은 그 사람의 과거와 미래가 함께 있는 거라는 누군가의 글을 읽은 적이 있다. 그렇기에 한 사람이 내 앞에 있다는 말은 하나의 세상이 내 앞에 있는 것과 같다.

살아오면서 많은 일을 신중하게 처리하지 못하였다. 즉흥적으로, 감정적으로 사람을 대하여 상처를 받기도 하고, 상처를 주기도 했다. 이제부터라도 좀 더 관계에 신중해지고 싶다.

"우물에 침 뱉는 것은 결국 내 생각에 침을 뱉는 행위이다."

나에겐 고칠 점이 많아

다른 사람이 충고하는 것을 잘 받아들이지 못하는 성격이었다. 언제 이러한 성격이 형성되었는지는 알 수 없다. 만약 내 삶에서 그런 충고를 받아들이고 고치려 노력했더라면 인생은 훨씬 더 윤택해졌으리라. 그렇게 잘 난 것도 없으면서 왜 그렇게 다른 사람의 충고를 무시하거나 기분 나빠했을까.

50이 넘어가니 예전 일을 반추해보며 반성하는 시간이 많아진다. 흘러간 세월에 대한 아쉬움 때문이기도 하거니와, 산 날보다 살아야 할 날이 훨씬 적은 시간이 되니 남은 시간만이라도 더 알차게, 사람답게 살고 싶은 생각이 강하게 드는 까닭이라고 스스로 생각해본다. 먼저 떠오르는 생각이 정00이라는 친구다. 벌써 30년 전에 연락이 끊긴 친구다.

고등학교 때 같은 반을 하였고 같은 교회에 다녔기에 함께 많은 시간을 보냈다. 처음엔 몰랐지만 알고 보니 그 친구의 아버지는 그 당시 현대중공업의 상무였다. 그의 집에 가끔 놀러 갔는데, 그의 어머니는 외동아들의 친구인 나에게 각별하게 대해주었다. 그러다 그의 아버지가 갑자기 돌아가셨다. 친구의 자격으로 상가에서 하룻밤을 보내게 되었는데, 어른들이 나에게도 술을 주었다. 그 술을 몇 잔 받아먹자 취해서 구토하기도 했다.

그런 후 그는 서울로 전학을 갔고, 서울 집에서 그를 한 번 만난 적이 있었다. 어머니와 누나는 반갑게 맞이하여 주셨다. 그리고 어머니는 나에게

"그때 너의 고칠 점이 있었는데."

라고 운을 떼었다. 그때 들은 말이 무슨 내용이었는지 지금은 생각이 나지 않고 그 첫마디만 기억에 남아있다. 친구의 어머니는 진심으로 나를 생각해서 하는 말이었는데, 그것이 나를 비난하는 말처럼 들렸기에 귀를 막아버린 것이다.

그 이후로도 나를 둘러싼 주위 사람이 수도 없이 나에게 충고를 해주었지만 난 그것을 기분 나쁘게만 생각했다. 그것 때문에 관계를 끊은 사람이 한두 명이 아니다. 지금 생각해보면 인연은 소중한 것이고 충고를 해주는 사람이 진정 나에게 소중한 사람이었는데, 그런 사람을 다 끊어버렸으니 인간관계가 좋을 리 없게 되었다. 그것 때문에 인생이 그렇게 힘들었는지도 모른다.

"이것도 시라고 써, 이런 식으로 시를 쓰려면 때려치워."

대학교 다닐 때 교수님이 해준 말이다. 그 말은 진짜 상처가 되었다. 하지만 지금 대학 때의 시를 보면 정말 시 같지 않다. 그리고 모임에서 시 합평할 때 다른 사람이 해준 이야기를 진정으로 받아들이지 못했다. '지가 알면 얼마나 안다고.'라는 생각을 하곤 했다. 그것이 나를 성장시키는 말

임에도 불구하고 그것을 진정으로 받아들이지 않았다.

부모님의 충고를 들었더라면, 회사 다닐 때 동료가 해준 이야기를 들었더라면, 친한 친구의 충고를 들었더라면 하는 후회가 많이 된다. 충고를 가장 많이 해준 사람이 아내다. 아내가 충고할 때마다 그것을 잔소리로 들었다. 물론 잔소리도 많았지만, 진정 새겨들어야 할 말도 많았다. 하지만 그것을 다 무시해버리고 내가 하고 싶은 대로만 하고 살았다.

아들 둘이 내가 한 것처럼 충고를 새겨듣지 않는 모습을 많이 본다. 참 안타깝다. 아내도 자신의 충고를 듣지 않는 나를 보고 지금 내가 느끼는 마음과 같았으리라.

아는 것과 느끼는 것은 아주 다르다. 안다고 해서 다 행동으로 옮기는 것이 아니기 때문이다. 하지만 진정으로 느끼는 것은 행동으로 옮길 수 있다고 생각한다. 그리고 앞으로 다른 사람의 충고를 마음의 문을 열고 들어야겠다는 결심을 한다. 충고의 말을 남에게 하기란 쉽지 않다. 자칫 충고가 비난으로 들릴 수도 있기 때문이다. 심하게는 관계를 단절시키기도 한다. 달콤한 말은 귀를 즐겁게 하지만, 약은 쓴 법이다. 특히 나이가 들어서 남에게 충고를 듣는다는 것은 상당히 기분 상할 수 있다. 하지만 듣는 이의 기분이 상할 것을 알고서도 충고를 해주는 사람은 정말 나에게 고마운 사람임을 가슴에 새기고 살아야겠다.

실패에서 배우기

우덕상 형은 나에게 고마운 사람이다. 논술학원을 운영하던 시절, 생각보다 잘 안 되어 경제적으로 무척 힘이 들었다. 그때 우 형은 자신의 친구가 상무로 있는 회사에 취업을 알선해주었다. 경력을 인정받고 들어갔지만, 그곳에는 나보다 나이가 어린 공장장이 있었다. 대기업에서 과장으로 퇴임한 지 얼마 되지 않았고, 대기업에서 근무할 당시만 하더라도 중소기업인 거래처의 업무 파트너는 대부분이 사장이나 중역이었다. 그랬기에 대기업을 그만두었어도 '내가 낸데' 하는 의식에서 벗어나지 못하였다. 작은 중소기업의 공장장 정도는 나와 급이 맞지 않는다는 선입관에서 벗어나지 못하고 있었다. '지금은 비록 형편이 어려워 이곳에 근무하지만 난 이런 데서 근무할 사람이 아니야'라는 생각을 했다. 그렇기 때문에 작은 중소기업의 나보다 나이가 어린 공장장의 지시가 아니꼬운 것이 한, 둘이 아니었고, 관계도 매끄럽지 못했다.

그가 나보다 나이는 어리지만, 상급자였고 난 그곳에 돈을 벌기 위해

간 것이다. 그렇다면 그를 나의 상사로 인정을 하고 지시에 따르는 것이 당연했다. 과거에 내가 어떤 지위에 있었는가 하는 것이 중요한 것이 아니라, 현재 나의 상황에 맞게 행동해야 했다. 돈을 벌러 왔으면 일을 하면 되는 것이었는데, 자존심에 집착했던 것이다. 결국 그것을 참지 못하고 사표를 쓰고 나왔다.

요즈음 경제 상황은 IMF 때보다 더 어려운 상황이라는 말을 많이 한다. 그 말에 전적으로 동의한다. 나라 경제의 지표보다 먼저 어려운 상황이 피부에 와 닿는다. 그런 상황이기에 다니던 회사에서 실직하는 경우를 주변에서 많이 보게 된다. 대기업에 다니다 나온 사람은 중소기업에서 적응하기가 쉽지 않다. 우선 급여나 복리후생이 대기업에 반도 되지 못하는 경우가 많다. 그리고 근무 환경도 열악하다. 일의 강도도 비교할 수 없을 만큼 세다.

그런 외적인 조건뿐만 아니라 본인의 마인드 또한 극복하기가 쉽지가 않다. '내가 낸데'하는 의식이다. 필자처럼 '나는 이런 곳에 있을 사람이 아니야. 내가 어떤 사람인데, 그래도 대기업에 다니던 사람이야. 중소기업의 너희와는 출신부터 다른 사람이야.' 하는 의식이다. 이런 의식이 새로 다니는 기업에서 만나는 사람과의 관계를 원활하지 못하게 만든다. 과거는 과거일 뿐이다. 새로운 출발을 하려면 과거의 영광을 생각해서는 안 된다. 과거 대기업에 다니며 누렸던 특권을 다 내려놓아야 한다. 그리고 그곳에서 일하는 사람과 눈높이를 맞추어야 한다. 일은 사람이 하는 것이다. 그곳에서 일하는 사람과 좋은 관계를 형성하지 못한다면 그곳에서 버텨낼 수 없다.

좋은 인간관계를 맺으려면 우선 겸손해야 한다. 자신이 과거에 좋은 회사에 다닌 사람이란 걸 내세우면 중소기업인 그 회사의 다른 사람은 그와 친하게 지내려 하지 않는다. 일하러 갔으면 일을 하면 된다. 일은 혼자 할 수 없다. 주변에 도움을 주고 도움을 받아야 한다. 그래야 그곳에 터를 잡을 수가 있다. 그곳에서 터를 잡고 일을 열심히 하다 보면 재기의 기회도 잡을 수 있다. 그런데 목에 힘을 주고 내가 어떤 사람인데 하는 식으로 사람을 대하면 그 사람에게는 아무도 협조를 해주지 않는다. 그것이 대기업 출신이 중소기업에서 살아남기 어려운 요인이다. 그런 사람은 어떤 중소기업을 가든지 살아남기 어렵다. 그래서 이곳저곳 회사를 옮겨 다니는 것이다. 그러다 보면 세월만 가고 나이가 들면 점점 재취업의 기회도 줄어들게 된다.

대기업에 다닌 경험은 좋지 않은 요인만 있는 것이 아니다. 중소기업에 다닌 사람보다 더 폭넓은 자질을 쌓을 기회를 가지기 때문이다. 그런 경험은 중소기업에 다니는 사람과는 다른 시각으로 그 기업의 상황을 볼 수 있게 해주기 때문에, 기존 직원과는 다른 문제해결력과 업무개선력을 발휘하게 한다. 이렇게 기존 대기업의 경험과 중소기업에서 쌓은 경험의 접목은 자신을 한 단계 더 업그레이드시켜준다. 대기업보다 중소기업의 진급은 빠르다. 중소기업에 터를 잡고 업무 능력을 발휘하다 보면 진급을 빨리하는 등 회사의 키맨으로 성장할 수 있는 것이다.

'내가 낸데'하는 의식부터 버리고 자신은 신입사원이라는 마인드로 일을 배우는 자세로 임해야 한다. 그곳에는 전부 모르는 것투성이며, 사람도 대부분 모르는 사람이다. 그리고 그곳에 돈을 벌러 간 목적을 잊지 말아야 한다. 업무를 배우는 동시에 인간관계를 좋게 만든다면 중소기업은 자신에게 새로운 기회를 줄 것이다.

제7장
명품 관계의 인연은 지구를 돌아 다시 찾아온다

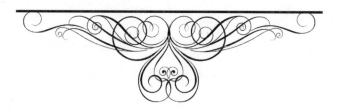

한번 사수는 영원한 사수

이재윤 대리는 신입사원 때 나의 사수이다. 천방지축으로 가는 곳마다 부닥치던 나 때문에 골머리를 많이 앓았다. 현대자동차 자재부 L과 싸우고 와서 사표를 내었을 때, 나를 다독여 다시 회사에서 일을 할 수 있게 해준 것도 그였다. 그뿐만 아니라, 현대자동차 자재부 L의 상사였던 김00 대리와 심야의 혈전을 벌이는 등 내 편을 많이 들어주었다. 그런 이 대리에게서 업무를 배웠다. 이 대리는 성격이 매우 꼼꼼한 편이었고 머리 회전이 빨랐다. 성격도 유쾌했으며 사교성도 좋았다. 반면에 나를 꾸짖을 때는 잘못된 점을 분명하게 지적하고 어떻게 고쳐야 할지 그 방법도 일러주었다. 그런 이 대리에게서 회사 생활 하는 방법과 사회생활을 하면서 사람을 대하는 방법도 배웠다.

KC의 생산 CAPA는 현대자동차의 수요를 따라잡기가 버거운 형편이었다. 매일 긴급 물량이 발생했고 매일 KC 생산부에 제품을 독촉하러 가는 것이 하루의 중요한 일과였다. 그때 이 대리는 기묘한 방법을 생각해내었다. 긴급 FAX을 보내는 것이다. 보통 FAX가 아니라 없는 직책의 부공장장을 수신으로 하고 나머지 관련 부서인 생산부, 연구부, 자재부, QC 등을 참조로 했다. 공장장을 수신으로 하면 영업소장의 결제가 이루어져야 하고, 급박한 시간을 필요로 하는 상황에 결제를 기다릴 수가 없는 상황이라 수신을 부공장장으로 하고 관련 부서에 긴급 FAX를 보내는 것이었다. 처음에는 관련 부서에서 황당하다는 반응이었지만, 시간이 갈수록 그 메일은 주효했다. 매일 찾아가서 독촉하고 공문으로까지 해서 매일 FAX를 보내니 우리 말이 먹혀들어 가기 시작했고, 생산이 급하면 다른 생산부의 직원까지 차출해 와서 급한 불을 꺼주었다. 그리고 보낸 FAX는 자료로 남았고 공장과 싸울 때 무기로 활용했다.

그리고 스트레스 받는 밑에 직원들에게 기꺼이 술을 사주며, 달래주었다. 그런 이 대리를 난 무척 따랐고, 나중에는 부부 동반으로 근처로 놀러 가기도 했다. 울산 주변에는 정자란 바닷가가 있다. 그곳에 부부 동반으로 놀러 가기도 했다. 한번은 양산의 내원사란 절에 우리 부부가 놀러 갔는데, 그곳에서 우연히 이 대리 가족을 만나 함께 시간을 보내기도 했다. 또한, 이 대리의 아들 명호는 우리 아들보다 몇 살 더 많다. 어느 날 나에게 물었다.

"윤, 기분 나쁘게 생각하지 말고 들어주기 바란다. 우리 명호가 커서 못 입게 된 옷이 있는데, 아직 깨끗해. 윤, 아들에게 물려주면 어떨까 해서. 제수씨에게 한번 물어봐."

"무슨 말씀을 주시면 감사하죠."

그렇게 해서 명호의 옷을 물려 입기도 했다. 그만큼 상사를 떠나 인간애를 느낄 수 있었고, 그와 생활한 기간은 나의 인생에 잊히지 않는 중요한 시간이 되었다.

이 대리는 같은 부서에서 몇 년을 보내다 다른 지역으로 진급을 하여 가게 되었고, 나도 대리로 진급을 하였다. 회사 생활은 다시 같이하지 못했다. 그러다 이 대리가 퇴사를 하였는데(그때 직급이 아마도 차장이었으리라), 퇴사 기념으로 서울에서 울산까지 자전거를 타고 왔다. 대단하다는 생각이 들었고 나도 퇴사하면 한번 도전해보리라 마음먹었다. 그리고 난 2002년에 퇴사를 했고, 울산에서 강원도 동해까지, 울산에서 전라도 땅끝마을까지 자전거를 타고 가기도 했다. 그러다 연락이 두절되었는데, 최근에 다시 만났다. 거의 18년 만이었을 거다. 아내와 서울에 갔다가 연락을 하여 만날 수 있었다. 이 대리는 여전히 변함없었다. 우리 부부를 석촌 호수 구경을 시켜주고 근처에 있는 롯데 빌딩에서 점심도 사주었다. 그를 안지는 벌써 30년이 다 되어 간다. 그래도 처음 만났을 때와 변함이 없었다.

그에게서 사람을 대할 때는 진정성을 가지고 대해야 한다는 것을 배웠다. 그리고 그런 진정성 있는 관계는 세월의 흐름에 상관없이 처음의 마음으로 만나게 됨을 느끼게 되었다.

부드러운 카리스마 한정수 목사님

모든 것은 선물이다. 편의점의 커피 1+1을 좋아하는데, 하나의 값으로 두 개를 가질 수 있어 하나는 선물인 것 같은 느낌이 들곤 한다. 한때는 이 세상에 내 것이 하나도 없다고 생각했다. 모두 빌린 것이라는 생각을. 부모도, 아내도, 아이도, 차도, 친구도, 핸드폰도. 결국 시간이 되면 시간에 돌려주고 하나도 갖지 못한 채 죽게 되는 것으로 생각했다.

하지만 생각을 바꾸기로 했다. 이 세상 나에게 주어진 것은 전부 선물이다. 하나님이 주신 선물이다. 부모도, 아내도, 아이도, 차도, 친구도, 핸드폰도, 시간도. 슬픔도 선물이고 기쁨도 선물이고, 시간에 수놓아진 내 인생이 전부 선물이다. 죽음도 이 선물을 뺏어가지 못한다. 왜냐면 기억을 갖고 영원히 하나님에게로 가기 때문이다.

내가 이 세상 모든 것을 빌렸다고 생각한 것은 스물 즈음에 본 연극 때문이다. 그 연극에는 시계를 들고 서 있는 피에로가 등장하여 중간에 서 있고, 그 피에로는 등장인물의 소중한 것들을 시간이 되면 하나하나 뺏어 갔다. 그러면서

"인생에 있어 자기의 것은 하나도 없고 모든 것은 시간에 빌린 것이다."

라는 말을 하였다. 그 말이 강하게 다가왔고, 그 말에 공감하면서 내가 가진 모든 것이 빌린 것이라는 생각이 무의식에 녹아들었다.

그런데 하나의 계기로 인해 인생은 빌린 것이 아니라 선물 받은 것이라고 생각을 바꾸게 되었다. 그 계기는 한정수 목사님을 세월이 흘러 다시 만나고 난 후부터이다. 한정수 목사님을 처음 만난 것은 고등학교 다닐 때이다. 그때는 성광교회 한정수 전도사님이었다. 전도사님을 우리는 앞에 '전'자를 빼고 장난처럼 도사님이라 불렀는데, 시간이 흐르자 도사님이 더 자연스러운 호칭이 되었다. 지금 생각해보니 정말 말 그대로 도사님이었다. 도사는 도술을 부리는 자이다. 도술은 과학적으로 말이 되지 않는 일을 일으키는 자이다.

기독교식으로 말하자면 기적이다. 그때 우리는 기적을 보았다. 학생회의 부흥이다. 그 당시의 학생회 부흥은 기적이 아니고서는 설명할 수 없다. 매주 드리는 학생회 예배가 300명 넘게 출석하였고, 500명이 넘었던 적도 있었다. 보통의 교회는 어른 신도의 자녀가 학생회에 출석하기 때문에 어른 신도보다 학생회 인원이 적다. 그런데 그 당시 어른 신도가 모이는 주일 대예배 보다 학생회 예배에 참석하는 인원이 더 많았던 것으로 기억한다. 그 기적의 중앙에 도사님이 있었다. 그래서 말 그대로 하나님의 도사이고, 한번 도사는 영원히 도사일 수밖에 없다.

또 하나의 기적은 그 학생회가 동문회를 결성했다는 사실이다. 그 당시

예배에 참석했던 사람이 모여 성광교회 학생회 동문회를 결성했다. 전국에 걸쳐 퍼져있는 동문뿐만 아니라, 중국, 미국 등 외국에 있는 동문까지 모여 동문회를 만든 것이다. 아마 이런 동문회는 전무후무한 일이 아닐까. 도사님이 또 한 번 도술을 부린 것 같았다.

1980년 고등학교 1학년 때 성광교회에 다니기 시작했다. 그곳에서 한정수 전도사님을 처음으로 만났다. 그를 한마디로 말하라면 부드러운 카리스마를 가진 사람이었다. 감수성이 극에 달할 무렵이었던 고1. 그곳에서 생활한 것이 내 인생의 큰 자양분이 되었다. 믿음은 그리 강하지 않았지만, 그 분위기에 빠져 생활하였던 것이 내 인성에 많은 영향을 미쳤다.

한정수 목사님의 리더십은 대단했다. 그런 리더십 덕에 학생 수가 기하급수적으로 늘어났다. 당시 인구 40만 명 정도의 도시에서 그만큼 많은 학생 수를 가진 교회는 없었다. 학생회 회원은 전도에 대한 강한 동기부여를 받았고, 짧은 시간에 몇 배로 학생 수가 늘어나는 결과로 나타났다. 젊은 한정수 전도사는 학생에게 노래 지도를 잘했다. 그것은 그의 강점이었고 그런 강점을 십분 발휘한 것이다. 또한, 그의 표정은 강하면서도 온화했는데 그것이 더욱 전도사님을 신뢰하게 만들었다. 무엇보다 상대방을 인정해주는 말 한마디가 그 말을 듣는 사람에게 큰 힘이 되었다. 그의 영향으로 많은 학생이 목사가 되거나 사모가 되었다. 또한, 음대로 진학하여 음악가로 활동하고 있는 회원이 있는가 하면, 음악 선생을 하는 회원도 있다. 특히 국립오페라단 예술 감독 겸 단장이었던 윤00도 학생회 반주를 했던 학생이었다.

당시 1년에 한 번씩 "성광의 밤"이라는 행사를 했는데, 음악과 문학을 발표했다. 작가가 된 나는 그때의 영향을 많이 받았다. "성광의 밤" 마지막

공연으로 헨델의 할렐루야를 합창했다. 고음이 많아 부르기 쉽지 않은 찬송가였지만, 한정수 전도사님의 지도로 우리는 훌륭하게 합창을 해낼 수 있었다. 그 노래를 부를 때 관객이 모두 자리에서 일어난 일은 아직도 기억에 생생하다.

울산 학생이 접해보지 못한 세련된 매너와 음악적인 분위기, 따뜻한 마음과 그를 따르지 않을 수 없게 하는 카리스마가 학생회 인원을 급속하게 늘어나게 하는 요인이었다. 그로부터 30년이 지났다. 그 시절을 그리워하는 성광교회 학생회 출신들이 다시 모였다. 처음엔 밴드를 시작으로 연락을 주고받다가 회원이 100명이 넘어가자 홈커밍 데이란 행사를 한 것이다. 그런 재회는 아마도 유래를 찾아볼 수 없을 것이다. 어른이 된 많은 학생회 회원이 만나 서로 살아온 이야기를 나눈 뜻 깊은 행사였다. 일회용으로 끝나는 행사가 아니라 그 모임이 있었던 후에도 계속 모임은 지속되고 있다. 그만큼 그때가 나를 비롯한 회원들에게 소중한 경험이 된 것이다. 그리고 그 중심에 이제는 은퇴한 한정수 목사님이 있었다.

요즈음 한정수 목사님은 해외 선교를 다니고 있다. 인도와 태국 오지로 다니며 목숨을 걸고 선교를 한다. 얼마 전 울산으로 내려와 시간이 되는 회원들과 자리를 함께했는데, 그 자리에서 선교한 이야기를 들을 수 있었다. 말 그대로의 오지, 우리가 상상하는 그 이상의 오지로 다니며 선교를 했는데, 팀원 중에 유명을 달리한 선교사도 있었다고 한다. 그만큼 위험한 지역을 다니며 선교 활동을 하고 있었다. 퇴임 후에 편하게 지낼 수도 있겠지만 하나님으로부터 부여받은 자신의 사명을 다하기 위해 아직도 험한 길을 걷고 있다. 그의 한 마디

"네가 있는 그곳이 골고다다."

살아가면서 나도 많은 시련을 겪었다. 사업에 실패하고 알코올 중독에 빠지기도 하고 좌절하기도 하였다. 어디서부터 잘못 된지는 몰랐다. 하지만 성광교회 학생회 시절, 고등학교 때의 순수한 때로 돌아가고 싶다는 생각이 강하게 들었다. 한정수 전도사님만 생각하면 나무가 뿌리에서 자양분을 퍼 올려 힘을 얻는 것처럼, 가슴 밑바닥으로부터 알 수 없는 힘이 생기곤 했다. 한 마디로 시련을 겪어 좌절했을 때, 회복 탄력성이 큰 것은 그런 시절이 내 인생에 있었기 때문이라 생각했다. 그 시절은 순수했고, 그 순수는 나의 푯대였기에, 좌절이나 절망으로 길을 잃었을 때 내가 보고 가야 할 곳이 어디인지를 알게해 준 것이다. 그래서 성광교회로 돌아가 처음부터 새롭게 시작하고 싶었다. 새로 시작하기에는 나이가 너무 많이 들었지만, 시작하기에 늦은 나이는 없다고 생각했다. 그리고 다시 성광교회에 다니기 시작했고 다시 글을 쓰기 시작하여 지금 작가가 되었다. 한정수 목사님을 내 인생에서 알게 된 것은 하나님의 큰 축복이었다.

한정수 목사님을 통해 배운 명품관계를 만드는 조건은
첫째 따뜻한 마음을 가지도록 노력해야 한다는 것
둘째 상대방을 인정해주어야 한다는 것
셋째 옳고 그름에 분명한 판단을 해야 한다는 것
넷째 자신이 가진 강점을 충분히 활용해야 한다는 것
다섯째 동기부여에 능해야 한다는 것
여섯째 강해야 할 때와 부드러워야 할 때를 알아야 한다는 것 등이다.
그러한 조건으로 맺은 관계는 세월이 흘러도 선한 영향력이 멈추지 않음을 느끼게 되었다.

명품 인연은 지구를 돌아 다시 찾아온다

나이가 든다는 것은 나쁜 것만이 아니다. 사람에게 인연은 무엇보다 중요하며, 살아오면서 맺은 좋은 인연은 행복을 불러온다. 살다 보면 여러 가지 사유로 좋은 인연과 멀어지기도 하는데, 나이가 드니 그런 좋은 인연의 사람을 다시 만나게 되는 경우가 생긴다.

나에게는 세월이 흘러 다시 만난 멋진 친구가 하나 있다. 멋지다는 말은 여러 가지 의미가 있을 것이고 사람마다 생각하는 바가 다를 것이다. 그는 어릴 때부터 친구였다. 우리 동네엔 교회가 하나 있는데 그 동네 목사님 아들이었다. 목사 아들로 살아가기란 쉽지가 않았을 것이다. 주변에 보는 눈이 많기에 행동도 함부로 할 수 없었을 것이다. 하지만 우리에게 그것은 문제가 되지 않았다. 고등학교 시절 사람의 눈을 피해 숨어 담배도 피웠고, 한 번씩 술도 마셨다. 대학 시절엔 많이 어울려 다니기도 했으며, 내가 군대에 갈 때 광주의 훈련소까지 따라와 준 친구였다. 이어 그도 군대에 갔고 우리는 편지로 오랫동안 서로 소식을 전하기도 했다. 그 편지

서두에 항상 이렇게 적었다.

"나사 하나 빠진 것 같지만 그래도 멋진 친구에게"

나사 하나 빠졌다는 의미는 무언가 엉성한 것이라는 생각을 할 수도 있지만, 그는 결코 엉성한 사람이 아니다. 나에게서 이 의미는 마음의 한쪽이 비어있다는 것이다. 그 마음 한쪽에 내가 들어갈 수 있는 여지를 만들어주었다는 의미이다. 한 번도 친구에게 이 의미를 설명한 적이 없던 거로 기억한다.

"창영이 진짜 좋은 사람입니다."

그가 내 아내에게 했던 이야기다. 우리 둘은 그렇게 서로를 이해했다.

많은 세월을 서로 관계를 맺으며 지냈다. 내가 먼저 결혼을 했고, 그도 결혼하여 울산에 살았다. 부부끼리 서로 만나는 시간도 많이 가졌으며, 함께 여행을 가기도 했다. 그러다 직장에서 수원으로 발령이 나서 친구가 가게 되었고 지금까지 그곳에서 삶의 터전으로 삼고 있다. 만나는 횟수는 많이 줄어들었지만 그래도 어릴 때 만들어진 친구란 의미는 퇴색하지 않았다. 어쩌다 울산에 오는 경우가 있으면 친구는 꼭 나를 찾았고 우리는 밤새 술을 마시며 살아가는 이야기를 했다. 그의 형수와도 친하게 지냈다. 형이 외국에 나가 있는 사이 아이 둘을 데리고 우리 집 부근에 살았기에 아내와 그 집을 찾아 함께 삼겹살을 구워 먹기도 했다.

그러다 내 큰아들이 수원에서 학교에 다니게 되었다. 부동산 일을 하던 그의 아내가 시간을 내어 방을 알아봐 주기도 했다. 그러다 어느 시점 연락이 두절되었다. 핸드폰을 분실하여 그의 연락처가 사라진 것이다. 그 또한, 나와 비슷한 이유로 핸드폰을 바꾸어 내 연락처를 알 수가 없었다고 한다.

그렇게 8년 정도의 시간이 흘렀고 그의 연락처를 다시 알게 되었다. 전화 통화가 되자 그 특유의 목소리가 귀로 흘러들어왔다. 공백의 기간이 있었지만, 어제 안녕하고 헤어진 친구와도 같은 느낌이었다.

인생에 있어 친구란 중요하다. 이해타산을 따지지 않는 친구, 함께 시간을 보내도 오랫동안 떨어져 있어도 어제 만나 시간을 함께 보낸 것 같은 느낌의 친구. 나를 위해 기꺼이 시간을 내어주는 친구. 인생에 있어 친구가 없다면 얼마나 그 인생은 외로울까? 새로 사귀는 친구도 의미가 있겠지만, 오랜 친구는 더 큰 의미가 있다. 특히 그 친구는 가슴이 연한 배처럼 순수했을 때 만났기에 앞으로 어릴 때의 마음이 지속하리라.

머지않아 그를 다시 만나게 될 것이다. 그와 나는 연락이 끊어진 것이지 관계가 끊어진 것은 아니었다. 인생에 있어 그런 친구를 만나 관계를 맺었다는 것은 정말 감사한 일이다. 나사 하나 빠진 곳에 내가 끼어들 수 있어서 감사하다.

진정한 의미의 친구란 부족한 부분이 있다고 탓하며 절교하는 사이가 아니라 그 부분을 채워주는 관계이다. 톱니바퀴는 볼록한 부분과 오목한 부분이 있다. 서로 맞물려 돌아가기 위해서는 서로 부족한 부분을 채워주어야 한다. 살아가면서 너가 나에게 이렇게 했기 때문에 너랑 만나지 않겠다. 그것은 채워주는 관계가 아니라 볼록한 부분으로 부딪히는 관계다. 그런 관계를 좋은 친구 관계라고 이야기할 수 있을까? 외로울 때, 힘들 때, 실패할 때 격려하고 위로해주는 것이 맞물려 돌아가는 톱니바퀴의 이치이다. 진정한 친구 관계는 좋을 때 기쁨도 함께 하지만, 안 좋을 때 슬픔도 같이 하는 관계이다.

사람과 한번 맺은 명품 인연은, 서로 삶의 방향이 달라 멀어지는 듯해도 세월이 지나니 둘러서 다시 오는 것 같다고 생각한다. 마치 봄이 지구를 한 바퀴 둘러 다시 오듯이.

글을 마치며

이 책에는 인간관계에 대한 많은 이야기가 담겨있다. 그런데 좋은 관계 맺기를 시도하는 사람에 대해 그것을 이용하는 사람도 있다. 상대방의 실수를 너그럽게 봐주는 것에 대해 '이 사람은 이렇게 막 대해도 되는 구나'라고 인식을 하거나 호의를 베푸는 것에 대해 '나에게 잘 보이려고 하는 구나'라고 인식하는 것 등이다. 배려를 이해하지 못하는 사람, 칭찬을 아부로 이해하는 사람, 먼저 사과하는 것에 대해 자신이 이긴 것으로 여기는 사람, 관심을 스토커로 여기는 사람, 선의를 무시하는 사람 등 여러 종류의 덜된 사람이 있다. 그런 사람과는 과감하게 관계를 맺지 않거나, 맺었다면 끊는 것이 더 좋다.

관계는 자신을 비추는 거울이라고 했다. 자신은 자신의 모습을 보지 못한다. 거울을 보아야 자신을 볼 수가 있다. 자신의 삶이 좋은 삶인지를 알아보고자 한다면 자신과 관계를 맺고 있는 다른 사람을 둘러보면 된다고 했다. 그 관계를 통해 자신의 삶이 좋은 모습인지를 아닌지를 볼 수 있는 것이다. 자신의 모습이 좋지 않은 모습이라면 자신과 맞지 않는 사람과 관계를 단절하는 것이 맞다. 그리고 좋은 사람과 좋은 관계 맺기에 끊임없이 노력해야 한다. 이 세상에는 자신과 관계 맺기를 기다리는 수많은 사람이 있다. 좋은 사람을 만나는 기쁨은 더할 나위 없는 즐거움이다. 인생은 짧고 좋은 사람 만나기에도 시간은 모자란다. 그런데 왜 자신과 맞지 않는 사람을 만나며 시간을 허비할 것인가? 그런 사람을 만나면 정신적으로 많은 에너지가 소모되고 때에 따라서는 금전적인 손실도 발생하게 된다.

이 책을 읽고 좋은 사람 만나는 방법과 그 관계를 유지하는 방법을 느끼게 되었기를 바란다. 50대 중반을 넘어가니 예전에는 보이지 않던 것이 많이 보인다. 그것 중에 가장 큰 것이 인간관계이다. 나이가 들어서야 알게 되는 인간관계에 대해 내 이야기 위주로 서술했다. 인간관계를 다룬 많은 책이 시중에는 나와 있다. 그런데 대부분이 자신의 이야기가 아닌 다른 사람의 사례를 다루었다. 서문에서도 말했듯이 이 책은 살아가면서 직접 터득한 나의 경험을 기초로 작성한 것에 가치를 두고 싶다. 남의 경험을 사례로 쓰는 것은 작가의 간접경험을 기초로 한 것이지만, 나의 경험을 쓰는 것은 작가의 직접 경험을 쓰는 것이기에 더 의미가 있다는 것이다.

마지막으로 이 책은 사랑하는 내 가족에게 바친다. 이 책을 읽고 명품 인간관계를 많이 만들어 명품 인생을 살아가기를 바라는 마음에서.